통째로 외우는
**일본어
동사의 활용**

통째로 외우는
일본어 동사의 활용

한우영 지음

제일어학

머리말

저는 일본어를 공부하면서 가장 어려웠던 부분이 동사, 형용동사, 형용사의 활용이었습니다. 단순히 "사다"라는 말만 가지고도 "샀습니다, 안 샀습니다, 사고 싶습니다, 살 것 같습니다, 안 살 것 같습니다, 살 수 없을 것 같습니다" 등등 너무나도 활용이 많다는 것을 알게 되었고, 더 중요한 것은 그 빠른 대화 속에서 어떻게 빠르게 활용을 구상해 낼 것인가였습니다. 일본어를 공부하는 많은 사람들이 실전 회화에서 동사, 형용사, 형용동사 활용 전까지는 말을 잘 하는데, 정작 이 3개 품사의 활용 앞에서는 말문이 막히면서 눈동자가 2시 방향을 가리키며 "음~~"이라는 소리를 내는 것을 자주 보게 됩니다. "음~~"이라는 소리를 내는 동안 그 사람은 동사, 형용사, 형용동사의 활용을 즉석에서 변형하고 있는 것입니다.

외국어는 수학처럼 공식과 같은 활용 방법을 알고 있다고 해서 되는 것이 아닙니다. 그 빠른 대화 속에서 활용을 생각할 여유가 없습니다. 본능적으로 입에서 바로 튀어나와야 하는 것입니다. 입에 배어 있어서 깊이 생각하지 않아도 바로 자연스럽게 튀어나와야 합니다.

이것은 체계적인 훈련을 통해서 이루어집니다. 그러려면 어떤 훈련이 필요할까요? 즉석에서 머릿속에서 활용을 구상하지 말고 이미 활용된 문장을 문법을 이해한 후 통째로 외우는 게 바로 지름길입니다. 이 책에는 う, つ, る, ぬ, ぶ, む, く, ぐ, す로 끝나는 5단 동사, 来る, する와 같은 불규칙 동사 그리고 1단동사, 형용사, 형용동사로 할 수 있는 거

의 대부분의 활용을 이용한 완전한 하나의 문장들이 총 망라되어 있습니다. 대략 700개 정도의 문장으로 이루어져 있는데, 반말 표현까지 합하면 약 1400개 정도의 표현이 있습니다. 여기에 있는 문장들의 문법적 구조를 이해하고 하나의 문장을 하나의 긴 단어라고 생각하고, 통째로 바로 입에서 나올 수 있도록 훈련한다면 반드시 일본어 달인으로 가는 데에 크나큰 디딤돌이 될 것입니다. 외국어는 말을 하는 그 순간에 일일이 각각의 단어와 문법을 조합해서 말하는 것이 아니라 기존에 자신이 통째로 외운 문장을 살짝 변형해서 말하는 것입니다. 그런데 여기서 중요한 것은 700개의 문장을 어떻게 다 외울 수 있을까라고 생각할 수 있겠지만 이것을 알아야 합니다. 문장은 외우면 외울수록 외우는 속도가 점점 빨라집니다. 처음 100개의 문장을 외우는 데 한 달이 걸린다면 그 다음 100개를 외우는 데는 15일밖에 걸리지 않고 그 다음 100개를 외우는 데는 10일, 그 다음 100개를 외우는 데는 7일 이런 식으로 외우는 속도는 점점 빨라집니다. 얼마나 외국어를 잘하느냐는 얼마나 많은 문장을 통째로 외웠느냐에 달려 있습니다. 만약 "내가 집에 간 이유는 피곤했기 때문입니다."라는 문장을 문법을 이해하고 다 외웠다면 "~~가~~한 이유는 ~~했기 때문입니다."라는 식의 말을 아주 빠른 속도로 말할 수 있습니다. 결국 자신이 통째로 외운 문장이 많을수록 자신이 표현할 수 있는 범위는 넓어집니다.

  이것은 아무리 말해도 느끼기 어렵습니다. 직접 경험해 보십시오. 입에서 말문이 트이면서 폭포수 같은 일본어가 쏟아져 나옵니다. 이 책으로 도전해 보십시오.

CONTENTS

- 01. 買う 사다 — 10
- 02. 待つ 기다리다 — 24
- 03. 作る 만들다 — 38
- 04. 死ぬ 죽다 — 52
- 05. 遊ぶ 놀다 — 63
- 06. 飲む 마시다 — 77
- 07. 書く 쓰다 — 91
- 08. 稼ぐ 벌다 — 106
- 09. 話す 이야기하다 — 121
- 10. 食べる 먹다 — 135
- 11. する 하다 — 149
- 12. 来る 오다 — 163
- 13. 優しい 착하다 — 177
- 14. 素敵だ 멋있다 — 184

시작 하면서

　일본인과 회화를 할 때 한국인이 가장 막히는 부분이 바로 동사 활용, 형용사 활용, 형용동사 활용이다. 왜냐하면 예를 들어 飲む동사의 경우 飲みます〈마시겠습니다〉와 같은 간단한 활용은 웬만하면 누구나 하지만, 飲みたくなかったんです〈마시고 싶지 않았습니다〉와 같은 복잡한 활용은 즉석에서 말로 하기가 꽤 어렵기 때문이다. 이유는 飲みたくなかったんです는 4번의 활용 즉, 飲みたい → 飲みたくない → 飲みたくなかった → 飲みたくなかったんです의 단계를 거쳐야만 하기 때문에 이 말을 즉석에서 하기란 상당히 어렵다는 것이다. 그렇다면 이 말을 빨리 말하기 위해서는 어떻게 해야 하겠는가?

　일단은 왜 〈마시고 싶지 않았습니다〉가 飲みたくなかったんです가 되는지 문법적 구조에 대해 확실히 인식을 해야 한다. 그리고 문법적인 부분이 이해가 되었다면 그 다음에는 이 飲みたくなかったんです라는 말 자체를 하나의 단어로 생각하고 통째로 외우면 된다. 또한 더욱 중요한 것은 이 〈飲みたくなかったんです〉라는 말의 기본형은 〈飲む〉이다. 그러면 어떤 む로 끝나는 동사라도 위와 같이 활용을 할 때 빨간 부분의 글자는 전부 같다는 것이다. 그렇기 때문에 어떤 む로 끝나는 동사라도 그 동사에서 む만 떼고 빨간 글자만 갖다 붙이면 〈~하고 싶지 않았습니다〉가 되는 것이다. 다른 む로 끝나는 동사의 예를 들어 보자.

예) 住む(살다) → 住みたくなかったんです (살고 싶지 않았습니다)

　위 문장의 빨간 글자 부분은 어떤 む로 끝나는 동사라도 그 동사의 어간만 집어넣으면 바로 의미가 통해진다. 그래서 활용된 빨간 글자를 하나의 단어로 생각하고 통째로 외워 버리면 어떤 む로 끝나는 동사라도 동사의 む만 떼고 빨간 글자 앞에 붙이기만 하면 바로 말이 통하게 되며 쓸데없이 동사 활용을 한다고 시간을 보낼 필요가 없게 된다. 또한 스피드 있는 회화가 가능해진다.
　이런 이치는 다른 う, つ, る, ぬ, ぶ, く, ぐ, す로 끝나는 모든 동사와 来る(변격동사), する(변격동사), 食べる(1단동사)뿐만 아니라 모든 형용사, 형용동사에도 똑같이 적용이 된다. 다시 말하지만 일본인과 만나서 그 자리에서 동사 활용, 형용사 활용, 형용동사 활용을 한다고 골머리를 앓지 말고 그 전에 그 모든 동사 활용을 통째로 외워 버려라. 그러면 깊이 생각할 것도 없이 스피드 있는 회화가 가능해질 것이다.

01 買う 사다

존댓말 買う

- 구두는 사지 않지만 옷은 삽니다.
  靴は買わないけど、服は買います。(현재형)

- 오늘은 옷을 살 겁니다.
  今日は服を買います。(미래형)

- 제가 샀습니다.
  私が買いました。

- 옷은 안 삽니다.
  服は買いません。
  = 服は買わないです。

- 어제는 옷을 안 샀습니다.
  昨日は服を買いませんでした。
  = 昨日は服を買わなかったんです。

- 옷을 사고 싶습니다.

  服を買いたいです。

- 옷을 사고 싶지 않습니다.

  服を買いたくありません。

  =服を買いたくないです。

- 옷을 사고 싶지 않았습니다.

  服を買いたくありませんでした。

  =服を買いたくなかったんです。

- 저 옷을 사고 싶었습니다.

  あの服を買いたかったんです。

- 돈이 생겨서 옷을 살 수 있습니다.

  お金ができて服を買えます。

- 돈이 없어서 옷을 살 수 없습니다.

  お金がなくて服を買えません。

  =お金がなくて服を買えないです。

- 돈이 없어서 옷을 살 수 없었습니다.

  お金がなくて服を買えませんでした。
  = お金がなくて服を買えなかったんです。

- 옷을 삽시다.

  服を買いましょう。

- 옷을 안 살 거예요?

  服を買いませんか。
  = 服を買わないですか。

- 겨울 옷을 사서는 안 됩니다.

  冬の服を買ってはいけません。
  = 冬の服を買っちゃいけないです。

- 옷을 사도 됩니까?

  服を買ってもいいですか。

- 그 옷을 사면 나에게 보여 주세요.

  その服を買ったら私に見せてください。

- 옷이 없으면 옷을 사면 되지 않습니까?

  服がないんだったら服を買えばいいんじゃないですか。

- 옷을 사면 기분이 좋아집니다.

  服を買うと気分がよくなります。

- 그 옷이 다 팔려서 살 수 없게 되었습니다.

  あの服が売り切れて買えなくなったんです。
  = あの服が売り切れて買えなくなりました。

- 그 옷이 다 팔려서 살 수 없게 되어 버렸습니다.

  あの服が売り切れて買えなくなってしまいました。
  = あの服が売り切れて買えなくなってしまったんです。
  = あの服が売り切れて買えなくなっちゃいました。
  = あの服が売り切れて買えなくなっちゃったんです。

- 다나카 씨는 옷을 사고 싶어 하는 것 같습니다.

  田中さんは服を買いたがっているようです。

- 이 옷은 비싸서 살 수 없을 것 같습니다.

  この服は高くて買えなさそうです。

01. 買う 사다

- 다나카 씨는 지금 1층에서 옷을 사고 있을 것 같습니다.
  田中さんは今一階で服を買っていそうです。

- 다나카 씨는 오늘 이 옷을 살 것 같습니다.
  田中さんは今日この服を買いそうです。

- 다나카 씨는 오늘 옷을 사지 않을 것 같습니다.
  田中さんは今日服を買わなさそうです。

- 조금만 더 돈을 모으면 이 옷을 살 수 있을 것 같습니다.
  もうちょっとお金をためたらこの服を買えそうです。

- 더 이상은 살 수 있을 것 같지도 않습니다.
  これ以上は買えそうもないです。

- 다나카 씨는 이것을 사고 싶다고 합니다.
  田中さんはこれを買いたいそうです。

- 지금 다들 옷을 사고 있는 것 같습니다.
  今みんな服を買っているようです。
  ＝今みんな服を買っているみたいです。

- 지금 다들 옷을 사고 있는 것 같습니다.

    今みんな服を買っているらしいです。

    (ようです는 주관적인 추측인 데 반해서 らしいです는 바로 위의 ようです보다 객관적 증거를 토대로 한 추측)

- 지금 다들 옷을 사고 있다고 합니다.

    今みんな服を買っているそうです。

- 점원이 나에게 억지로 옷을 사게 했습니다.

    (나는 점원에게 억지로 옷을 삼을 당했습니다.)

    私は店員さんに服を買わされました。
    = **私は店員さんに服を買わされたんです。**
    = **私は店員さんに服を買わせられました。** (그다지 많이 안 씀)

- 옷을 사면 살 수록 더욱 사고 싶어지네요.

    服を買えば買うほどもっと買いたくなりますね。

- 오래간만에 백화점에 왔으니까 옷이라도 사야 하지 않겠습니까?

    久しぶりにデパートに来たから服でも買おうじゃないですか。

- 지금 옷을 사려고 합니다.

    今服を買おうとしています。

- 만약 옷을 산다면 어떤 브랜드 옷을 사고 싶습니까?

　もし服を買うならどんなブランドの服を買いたいですか。

- 필요한 물건을 지금 사지 않으면 안 됩니다.

　必要なものを今買わなければだめです。
　= 必要なものを今買わなきゃだめです。
　= 必要なものを今買わなければなりません。
　= 必要なものを今買わなければならないです。

- 오늘은 옷을 사는 편이 좋다고 생각합니다.

　今日は服を買ったほうがいいと思います。

- 오늘은 옷을 사지 않는 편이 좋다고 생각합니다.

　今日は服を買わないほうがいいと思います。

- 오늘은 옷을 많이 사겠네요.

　今日は服をたくさん買うでしょうね。

- 어제 옷을 많이 샀겠네요.

　昨日服をたくさん買ったでしょうね。

- 이 옷을 사 주세요.

  この服を買ってください。

- 다나카 씨에게 필요한 물건을 사게 했습니다.

  田中さんに必要なものを買わせました。
  = 田中さんに必要なものを買わせたんです。

반말

- 구두는 사지 않지만 옷은 산다.

  靴は買わないけど, 服は買う。(현재형)

- 오늘은 옷을 살 거야.

  今日は服を買う。(미래형)

- 내가 샀다.

  私が買った。

- 옷은 안 산다.

  服は買わない。

- 어제는 옷을 안 샀다.
  昨日(きのう)は服(ふく)を買わなかった。

- 옷을 사고 싶다.
  服(ふく)を買いたい。

- 옷을 사고 싶지 않다.
  服(ふく)を買いたくない。

- 옷을 사고 싶지 않았다.
  服(ふく)を買いたくなかった。

- 저 옷을 사고 싶었다.
  あの服(ふく)を買いたかった。

- 돈이 생겨서 옷을 살 수 있다.
  お金(かね)ができたので服(ふく)を買える。

- 돈이 없어서 옷을 살 수 없다.
  お金(かね)がないので服(ふく)を買えない。

- 돈이 없어서 옷을 살 수 없었다.

  お金がないので服を買えなかった。

- 옷을 사자.

  服を買おう。

- 옷을 안 살 거야?

  服を買わないの。

- 겨울 옷을 사서는 안 된다.

  冬の服を買ってはいけない。
  =冬の服を買っちゃいけない。

- 옷을 사도 되겠니?

  服を買ってもいいの。

- 그 옷을 사면 나에게 보여 줘.

  その服を買ったら私に見せてくれ。

- 옷이 없으면 사면 되잖아?

  服がないんだったら買えばいいんじゃないの。

- 옷을 사면 기분이 좋아진다.

  服を買うと気分がよくなる。

- 그 옷이 다 팔려서 살 수 없게 되었다.

  あの服が売り切れて買えなくなった。

- 그 옷이 다 팔려서 살 수 없게 되어 버렸다.

  あの服が売り切れて買えなくなってしまった。
  ＝あの服が売り切れて買えなくなっちゃった。

- 다나카는 옷을 사고 싶어 하는 것 같다.

  田中は服を買いたがっているようだ。

- 이 옷은 비싸서 살 수 없을 것 같다.

  この服は高くて買えなさそうだ。

- 다나카는 지금 1층에서 옷을 사고 있을 것 같다.

  田中は今一階で服を買っていそうだ。

- 다나카는 오늘 이 옷을 살 것 같다.

  田中は今日この服を買いそうだ。

- 다나카는 오늘 옷을 사지 않을것 같다.

    田中は今日服を買わなさそうだ。

- 조금만 더 돈을 모으면 이 옷을 살 수 있을 것 같다.

    もうちょっとお金をためたらこの服を買えそうだ。

- 더 이상은 살 수 있을 것 같지도 않다.

    これ以上は買えそうもない。

- 다나카는 이것을 사고 싶다고 한다.

    田中はこれを買いたいそうだ。

- 지금 다들 옷을 사고 있는 것 같다.

    今みんな服を買っているようだ。
    =**今みんな服を買っているみたいだ。**

- 지금 다들 옷을 사고 있는 것 같다.

    今みんな服を買っているらしい。

    (らしい는 바로 위의 ようだ보다 객관적 증거를 토대로 한 추측)

- 지금 다들 옷을 사고 있다고 한다.

    今みんな服を買っているそうだ。

- 점원이 나에게 억지로 옷을 사게 했다.
 (나는 점원에게 억지로 옷을 삼을 당했다.)

 私は店員さんに服を買わされた。
 = 私は店員さんに服を買わせられた。(그다지 많이 안 씀)

- 옷을 사면 살수록 더욱 사고 싶어지네.

 服を買えば買うほどもっと買いたくなる。

- 오래간만에 백화점에 왔으니까 옷이라도 사야하지 않겠냐?

 久しぶりにデパートに来たから服でも買おうじゃないか。

- 지금 옷을 사려고 한다.

 今服を買おうとしている。

- 만약 옷을 산다면 어떤 브랜드 옷을 사고 싶니?

 もし服を買うならどんなブランドの服を買いたいの。

- 필요한 물건을 지금 사지 않으면 안 돼.

 必要なものを今買わなければだめだ。
 = 必要なものを今買わなきゃだめだ。
 = 必要なものを今買わなければならない。

- 오늘은 옷을 사는 편이 좋다고 생각한다.

  今日は服を買ったほうがいいと思う。

- 오늘은 옷을 사지 않는 편이 좋다고 생각한다.

  今日は服を買わないほうがいいと思う。

- 오늘은 옷을 많이 사겠네.

  今日は服をたくさん買うだろう。

- 어제 옷을 많이 샀겠네.

  昨日服をたくさん買っただろう。

- 이 옷을 사 줘.

  この服を買ってくれ。

- 다나카에게 필요한 물건을 사게 했다.

  田中に必要なものを買わせた。

02 待つ 기다리다

존댓말 待つ

- 나는 기다리지 않지만 기무라 씨는 기다립니다.
  私は待たないけど, 木村さんは待ちます。(현재형)

- 오늘은 여기에서 기다리겠습니다.
  今日はここで待ちます。(미래형)

- 학교에서 기다렸습니다.
  学校で待ちました。

- 기무라 씨는 안 기다립니다.
  木村さんは待ちません。
  =木村さんは待たないです。

- 어제는 안 기다렸습니다.
  昨日は待ちませんでした。
  =昨日は待たなかったんです。

- 여기서 기다리고 싶습니다.

  ここで待ちたいです。

- 여기서 기다리고 싶지 않습니다.

  ここで待ちたくありません。

  ＝ここで待ちたくないです。

- 거기서 기다리고 싶지 않았습니다.

  そこで待ちたくありませんでした。

  ＝そこで待ちたくなかったんです。

- 기무라 씨를 기다리고 싶었습니다.

  木村(きむら)さんを待ちたかったんです。

- 9시까지는 기다릴 수 있습니다.

  9時(くじ)までは待てます。

- 이제 9시가 넘었기 때문에 더 이상은 기다릴 수 없습니다.

  もう9時(くじ)が過(す)ぎたのでこれ以上(いじょう)は待てません。

  ＝もう9時(くじ)が過(す)ぎたのでこれ以上(いじょう)は待てないです。

- 어제는 시간이 없어서 기다릴 수 없었습니다.

 昨日は時間がなかったので待てませんでした。
 = 昨日は時間がなかったので待てなかったんです。

- 여기서 기다립시다.

 ここで待ちましょう。

- 기무라 씨를 안 기다릴 거예요?

 木村さんを待ちませんか。
 = 木村さんを待たないですか。

- 여기서 기다려서는 안 됩니다.

 ここで待ってはいけません。

 = ここで待っちゃいけないです。

- 여기서 기다려도 됩니까?

 ここで待ってもいいですか。

- 당신이 기다린다면 나도 기다리겠습니다.

 あなたが待つなら私も待ちます。

- 여기서 기다리면 되지 않습니까?

  ここで待てばいいんじゃないですか。

- 여기서 기다리면 반드시 기무라 씨를 만날 겁니다.

  ここで待つと必ず木村さんに会います。

- 이제부터는 여기서 기다릴 수 없게 되었습니다.

  これからはここで待てなくなったんです。

  = これからはここで待てなくなりました。

- 이제부터는 여기서 기다릴 수 없게 되어 버렸습니다.

  これからはここで待てなくなってしまいました。

  = これからはここで待てなくなってしまったんです。

  = これからはここで待てなくなっちゃいました。

  = これからはここで待てなくなっちゃったんです。

- 기무라 씨는 여기서 기다리고 싶어 하는 것 같습니다.

  木村さんはここで待ちたがっているようです。

- 이제 9시가 넘었기 때문에 더 이상은 기다릴 수 없을 것 같습니다.

  もう9時過ぎたのでこれ以上は待てなさそうです。

- 오늘도 기무라 씨는 밑에서 기다리고 있을 것 같습니다.

  今日も木村さんは下で待っていそうです。

- 다나카 씨는 기무라 씨를 기다리지 않을 것 같습니다.

  田中さんは木村さんを待たなさそうです。

- 여기에서도 기다릴 수 있을 것 같습니다.

  ここでも待てそうです。

- 더 이상은 기다릴 수 있을 것 같지도 않습니다.

  これ以上は待てそうもないです。

- 기무라 씨는 여기서 기다리고 싶다고 합니다.

  木村さんはここで待ちたいそうです。

- 지금 다들 밑에서 기다리고 있는 것 같습니다.

  今みんな下で待っているようです。
  ＝今みんな下で待っているみたいです。

- 지금 다들 밑에서 기다리고 있는 것 같습니다.

  今みんな下で待っているらしいです。

■ 지금 다들 밑에서 기다리고 있다고 합니다.

今みんな下で待っているそうです。

■ 기무라 씨가 나에게 억지로 기다리게 했습니다.
(나는 기무라 씨에게 억지로 기다림을 당했습니다.)

私は木村さんに待たされました。
= 私は木村さんに待たされたんです。
= 私は木村さんに待たせられました。 (그다지 많이 안 씀)

■ 그녀를 만나는 날을 기다리면 기다릴수록 괴로워집니다.

彼女に会う日を待てば待つほどつらくなります。

■ 우리들도 일이 끝날 때까지 기다려야 하지 않겠습니까?

私たちも仕事が終わるまで待とうじゃないですか。

■ 여기서 기다리려고 합니다.

ここで待とうとしています。

■ 만약 기무라 씨를 기다린다면 어디서 기다리는 편이 좋다고 생각합니까?

もし木村さんを待つならどこで待ったほうがいいと思いますか。

- 어머니가 지금 여기로 오고 있기 때문에 기다리지 않으면 안 됩니다.

母が今ここに来ているから待たなければだめです。

= 母が今ここに来ているから待たなきゃだめです。

= 母が今ここに来ているから待たなければなりません。

= 母が今ここに来ているから待たなければならないです。

- 오늘은 여기에서 기다리는 편이 좋다고 생각합니다.

今日はここで待ったほうがいいと思います。

- 오늘은 여기에서 기다리지 않는 편이 좋다고 생각합니다.

今日はここで待たないほうがいいと思います。

- 오늘은 꽤 기다리겠네요.

今日はけっこう待つでしょう。

- 어제 기무라 씨가 늦어져서 꽤 기다렸겠네요.

昨日木村さんが遅れてけっこう待ったでしょう。

- 여기서 기다려 주세요.

ここで待ってください。

- 기무라 씨는 하루 종일 나를 기다리게 했습니다.

  木村さんは一日中 私を待たせました。
  = 木村さんは一日中 私を待たせたんです。

반말

- 나는 기다리지 않지만 기무라는 기다린다.

  私は待たないけど、木村は待つ。(현재형)

- 오늘은 여기에서 기다릴 거야. (미래형)

  今日はここで待つ。

- 학교에서 기다렸다.

  学校で待った。

- 기무라는 안 기다린다.

  木村は待たない。

- 어제는 안 기다렸다.

  昨日は待たなかった。

- 여기서 기다리고 싶다.

  ここで待ちたい。

- 여기서 기다리고 싶지 않다.

  ここで待ちたくない。

- 거기서 기다리고 싶지 않았다.

  そこで待ちたくなかった。

- 기무라를 기다리고 싶었다.

  木村(きむら)を待ちたかった。

- 9시까지는 기다릴 수 있습니다.

  9時(くじ)までは待てる。

- 이제 9시가 지났기 때문에 더 이상은 기다릴 수 없다.

  もう9時(くじ)が過(す)ぎたのでこれ以上(いじょう)は待てない。

- 어제는 시간이 없어서 기다릴 수 없었습니다.

  昨日(きのう)は時間(じかん)がなかったので待てなかった。

■ 여기서 기다리자.

ここで待とう。

■ 기무라를 안 기다릴 거냐?

木村(きむら)を待たないの。

■ 여기서 기다려서는 안 된다.

ここで待ってはいけない。

＝ここで待っちゃいけない。

■ 여기서 기다려도 되냐?

ここで待ってもいいの。

■ 여기서 기다리는 게 어때?

ここで待ったらどう。

■ 당신이 기다린다면 나도 기다릴게.

あなたが待つなら私(わたし)も待つ。

■ 여기서 기다리면 되지 않냐?

ここで待てばいいんじゃないの。

- 여기서 기다리면 반드시 기무라를 만날 거다.

  ここで待つと必ず木村に会うだろう。

- 이제부터는 여기서 기다릴 수 없게 되었다.

  これからはここで待てなくなった。

- 이제부터는 여기서 기다릴 수 없게 되어 버렸다.

  これからはここで待てなくなってしまった。

  = これからはここで待てなくなっちゃった。

- 기무라는 여기서 기다리고 싶어 하는 것 같다.

  木村はここで待ちたがっているようだ。

- 이제 9시이기 때문에 더 이상은 기다릴 수 없을 것 같다.

  もう9時だからこれ以上は待てなさそうだ。

- 오늘도 기무라는 밑에서 기다리고 있을 것 같다.

  今日も木村は下で待っていそうだ。

- 다나카는 기무라를 기다리지 않을 것 같다.

  田中は木村を待たなさそうだ。

- 여기에서도 기다릴 수 있을 것 같다.

  ここでも待てそうだ。

- 더 이상은 기다릴 수 있을 것 같지도 않다.

  これ以上(いじょう)は待てそうもない。

- 기무라는 여기서 기다리고 싶다고 한다.

  木村(きむら)はここで待ちたいそうだ。

- 지금 다들 밑에서 기다리고 있는 것 같다.

  今(いま)みんな下(した)で待っているようだ。
  ＝今(いま)みんな下(した)で待っているみたいだ。

- 지금 다들 밑에서 기다리고 있는 것 같다.

  今(いま)みんな下(した)で待っているらしい。

- 지금 다들 밑에서 기다리고 있다고 한다.

  今(いま)みんな下(した)で待っているそうだ。

- 기무라는 나에게 억지로 기다리게 했다.

  (나는 기무라에게 억지로 기다림을 당했다.)

  私(わたし)は木村(きむら)に待たされた。
  ＝私(わたし)は木村(きむら)に待たせられた。 (그다지 많이 안 씀)

02. 待つ 기다리다 | 35

- 그녀를 만나는 날을 기다리면 기다릴수록 괴로워진다.

  彼女に会う日を待てば待つほどつらくなる。

- 우리들도 일이 끝날 때까지 기다려야 하지 않겠는가?

  私たちも仕事が終わるまで待とうじゃないか。

- 여기서 기다리려고 한다.

  ここで待とうとしている。

- 만약 기무라 씨를 기다린다면 어디서 기다리는 편이 좋다고 생각하니?

  もし木村を待つならどこで待ったほうがいいと思うの。

- 어머니가 지금 여기로 오고 있기 때문에 기다리지 않으면 안 된다.

  母が今ここに来ているから待たなければだめだ。

  = 母が今ここに来ているから待たなきゃだめだ。

  = 母が今ここに来ているから待たなければならない。

- 오늘은 여기에서 기다리는 편이 좋다고 생각한다.

  今日はここで待ったほうがいいと思う。

- 오늘은 여기에서 기다리지 않는 편이 좋다고 생각한다.

  今日はここで待たないほうがいいと思う。

- 오늘은 꽤 기다리겠네.

  今日はけっこう待つだろう。

- 어제 기무라가 늦어져서 꽤 기다렸겠네.

  昨日木村が遅れてけっこう待っただろう。

- 여기서 기다려 줘.

  ここで待ってくれ。

- 기무라는 하루 종일 나를 기다리게 했다.

  木村は一日中私を待たせた。

03 作る 만들다

존댓말 作る

- 구두는 만들지 않지만 옷은 만듭니다.

  靴は作らないけど、服は作ります。 (현재형)

- 오늘은 옷을 만들 겁니다.

  今日は服を作ります。 (미래형)

- 제가 만들었습니다.

  私が作りました。

- 옷은 안 만듭니다.

  服は作りません。
  = 服は作らないです。

- 어제는 옷을 안 만들었습니다.

  昨日は服を作りませんでした。
  = 昨日は服を作らなかったんです。

- 옷을 만들고 싶습니다.

  服を作りたいです。

- 옷을 만들고 싶지 않습니다.

  服を作りたくありません。
  = 服を作りたくないです。

- 겨울 옷은 만들고 싶지 않았습니다.

  冬の服は作りたくありませんでした。
  = 冬の服は作りたくなかったんです。

- 예쁜 옷을 만들고 싶었습니다.

  きれいな服を作りたかったんです。

- 누구라도 배우면 옷을 만들 수 있습니다.

  だれでも習えば服を作れます。

- 옷감이 없어서 옷을 만들 수 없습니다.

  生地がなくて服を作れません。
  = 生地がなくて服を作れないです。

- 옷감이 없어서 옷을 만들 수 없었습니다.

  生地(きじ)がなくて服(ふく)を作(つく)れませんでした。
  = 生地(きじ)がなくて服(ふく)を作(つく)れなかったんです。

- 옷을 만듭시다.

  服(ふく)を作(つく)りましょう。

- 옷을 안 만들거예요?

  服(ふく)を作(つく)りませんか。
  = 服(ふく)を作(つく)らないですか。

- 이미 겨울은 끝났기 때문에 두꺼운 옷을 만들어서는 안 됩니다.

  もう冬(ふゆ)は終(お)わったから厚(あつ)い服(ふく)を作(つく)ってはいけません。
  = もう冬(ふゆ)は終(お)わったから厚(あつ)い服(ふく)を作(つく)っちゃいけないです。

- 옷을 만들어도 됩니까?

  服(ふく)を作(つく)ってもいいですか。

- 새로운 옷을 만들면 나에게 보여 주세요.

  新(あたら)しい服(ふく)を作(つく)ったら私(わたし)に見(み)せてください。

- 옷이 없으면 옷을 만들면 되지 않습니까?

 服がないんだったら服を作ればいいんじゃないですか。

- 옷을 만들면 기분이 좋아집니다.

 服を作ると気分がよくなります。

- 옷감이 없어서 옷을 만들 수 없게 되었습니다.

 生地がなくて服を作れなくなったんです。
 ＝生地がなくて服を作れなくなりました。

- 옷감이 없어서 옷을 만들 수 없게 되어 버렸습니다.

 生地がなくて服を作れなくなってしまいました。
 ＝生地がなくて服を作れなくなってしまったんです。
 ＝生地がなくて服を作れなくなっちゃいました。
 ＝生地がなくて服を作れなくなっちゃったんです。

- 다나카 씨는 옷을 만들고 싶어 하는 것 같습니다.

 田中さんは服を作りたがっているようです。

- 이 옷은 옷감이 비싸서 만들 수 없을 것 같습니다.

 この服は生地が高くて作れなさそうです。

- 다나카 씨는 오늘 새로운 옷을 만들 것 같습니다
  田中さんは今日新しい服を作りそうです。

- 다나카 씨는 오늘 옷을 만들지 않을 것 같습니다.
  田中さんは今日服を作らなさそうです。

- 다나카 씨는 지금 신제품을 만들고 있을 것 같습니다.
  田中さんは今新製品を作っていそうです。

- 조금만 더 궁리를 하면 새로운 옷을 만들 수 있을 것 같습니다.
  もうちょっと工夫をしたら新しい服を作れそうです。

- 더 이상은 새로운 옷을 만들 수 있을 것 같지도 않습니다.
  これ以上は新しい服を作れそうもないです。

- 다나카 씨는 새로운 옷을 만들고 싶다고 합니다.
  田中さんは新しい服を作りたいそうです。

- 지금 다들 옷을 만들고 있는 것 같습니다.
  今みんな服を作っているようです。
  = 今みんな服を作っているみたいです。

- 지금 다들 옷을 만들고 있는 것 같습니다.

  今みんな服を作っているらしいです。

- 지금 다들 옷을 만들고 있다고 합니다.

  今みんな服を作っているそうです。

- 다나카 씨가 나에게 억지로 옷을 만들게 했습니다.

  (나는 다나카 씨에게 억지로 옷을 만듦을 당했습니다.)

  私は田中さんに服を作らされました。
  = 私は田中さんに服を作らされたんです。
  = 私は田中さんに服を作らせられました。(그다지 많이 안 씀)

- 옷을 만들면 만들수록 더욱 만들고 싶어지네요.

  服を作れば作るほどもっと作りたくなりますよね。

- 새해도 밝았으니까 새로운 옷이라도 만들어야 하지 않겠습니까?

  年も明けたから新しい服でも作ろうじゃないですか。

- 지금 옷을 만들려고 합니다.

  今服を作ろうとしています。

- 만약 옷을 만든다면 어떤 스타일 옷을 만들고 싶습니까?

  もし服を作るならどんなスタイルの服を作りたいですか。

- 조금 있으면 패션쇼이기 때문에 빨리 옷을 만들지 않으면 안 됩니다.

  もうちょっとでファッションショ―だから早く服を作らなければだめです。

  = もうちょっとでファッションショ―だから早く服を作らなきゃだめです。

  = もうちょっとでファッションショ―だから早く服を作らなければなりません。

  = もうちょっとでファッションショ―だから早く服を作らなければならないです。

- 오늘은 옷을 만드는 편이 좋다고 생각합니다.

  今日は服を作ったほうがいいと思います。

- 오늘은 옷을 만들지 않는 편이 좋다고 생각합니다.

  今日は服を作らないほうがいいと思います。

- 오늘은 옷을 많이 만들겠네요.

  今日は服をたくさん作るでしょう。

- 어제는 옷을 많이 만들었겠네요.

  昨日は服をたくさん作ったでしょう。

- 이 옷을 만들어 주세요.

  この服を作ってください。

- 다나카 씨에게 옷을 만들게 했습니다.

  田中さんに服を作らせました。
  = 田中さんに服を作らせたんです。

반말

- 구두는 만들지 않지만 옷은 만든다.

  靴は作らないけど, 服は作る。(현재형)

- 오늘은 옷을 만들 거다.

  今日は服を作る。(미래형)

- 내가 만들었다.

  私が作った。

- 옷은 안 만든다.

  服(ふく)は作らない。

- 어제는 옷을 안 만들었다.

  昨日(きのう)は服(ふく)を作らなかった。

- 옷을 만들고 싶다.

  服(ふく)を作りたい。

- 옷은 만들고 싶지 않습니다.

  服(ふく)は作りたくない。

- 옷은 만들고 싶지 않았다.

  服(ふく)は作りたくなかった。

- 예쁜 옷을 만들고 싶었다.

  あの服(ふく)を作りたかった。

- 누구라도 배우면 옷을 만들 수 있어.

  だれでも習(なら)えば服(ふく)を作れる。

- 옷감이 없어서 옷을 만들 수 없다.

  生地がなくて服を作れない。

- 옷감이 없어서 옷을 만들 수 없었다.

  生地がなくて服を作れなかった。

- 옷을 만들자.

  服を作ろう。

- 옷을 안 만들 거냐?

  服を作らないの。

- 이미 겨울은 끝났기 때문에 두꺼운 옷을 만들어서는 안 된다.

  もう冬は終わったから厚い服を作ってはいけない。
  = もう冬は終わったから厚い服を作っちゃいけない。

- 옷을 만들어도 되니?

  服を作ってもいいの。

- 새로운 옷을 만들면 나에게 보여 줘.

  新しい服を作ったら私に見せてくれ。

03. 作る 만들다

- 옷이 없으면 옷을 만들면 되지 않냐?

  服がないんだったら服を作ればいいんじゃないの。

- 옷을 만들면 기분이 좋아지네.

  服を作ると気分がよくなる。

- 옷감이 없어서 옷을 만들 수 없게 되었다.

  生地がなくて服を作れなくなった。

- 옷감이 없어서 옷을 만들 수 없게 되어 버렸다.

  生地がなくて服を作れなくなってしまった。
  = 生地がなくて服を作れなくなっちゃった。

- 다나카는 옷을 만들고 싶어 하는 것 같네.

  田中は服を作りたがっているようだ。

- 이 옷은 옷감이 비싸서 만들 수 없을 것 같다.

  この服は生地が高くて作れなさそうだ。

- 다나카는 오늘 새로운 옷을 만들 것 같다.

  田中は今日新しい服を作りそうだ。

- 다나카는 오늘 옷을 만들지 않을 것 같다.
  田中は今日服を作らなさそうだ。

- 다나카는 지금 신제품을 만들고 있을 것 같다.
  田中は今新製品を作っていそうだ。

- 조금만 더 궁리를 하면 새로운 옷을 만들 수 있을 것 같다.
  もうちょっと工夫をしたら新しい服を作れそうだ。

- 더 이상은 새로운 옷을 만들 수 있을 것 같지도 않다.
  これ以上は新しい服を作れそうもない。

- 다나카는 새로운 옷을 만들고 싶다고 한다.
  田中は新しい服を作りたいそうだ。

- 지금 다들 옷을 만들고 있는 것 같다.
  今みんな服を作っているようだ。
  = 今みんな服を作っているみたいだ。

- 지금 다들 옷을 만들고 있는 것 같다.
  今みんな服を作っているらしい。

- 지금 다들 옷을 만들고 있다고 한다.

  今みんな服を作っているそうだ。

- 다나카가 나에게 억지로 옷을 만들게 했다.

  (나는 다나카에게 억지로 옷을 만듬을 당했다.)

  私は田中に服を作らされた。

  = 私は田中に服を作らせられた。(그다지 많이 안 씀)

- 옷을 만들면 만들수록 더욱 만들고 싶어진다.

  服を作れば作るほどもっと作りたくなる。

- 새해도 밝았으니까 새로운 옷이라도 만들어야 하지 않겠냐?

  年も明けたから新しい服でも作ろうじゃないか。

- 지금 옷을 만들려고 한다.

  今服を作ろうとしている。

- 만약 옷을 만든다면 어떤 스타일 옷을 만들고 싶어?

  もし服を作るならどんなスタイルの服を作りたいの。

- 얼마 있으면 패션쇼이기 때문에 빨리 옷을 만들지 않으면 안 된다.

  もうちょっとでファッションショーだから早く服を作らなければだめだ。

= もうちょっとでファッションショーだから早く服を作らなきゃだめだ。

= もうちょっとでファッションショーだから早く服を作らなければならない。

■ 오늘은 옷을 만드는 편이 좋다고 생각한다.
今日は服を作ったほうがいいと思う。

■ 오늘은 옷을 만들지 않는 편이 좋다고 생각한다.
今日は服を作らないほうがいいと思う。

■ 오늘은 옷을 많이 만들겠네.
今日は服をたくさん作るだろう。

■ 어제는 옷을 많이 만들었겠네.
昨日は服をたくさん作っただろう。

■ 이 옷을 만들어 줘.
この服を作ってくれ。

■ 다나카에게 옷을 만들게 했다.
田中に服を作らせた。

04 死ぬ 죽다

존댓말死(し)ぬ- 〈ぬ〉로 끝나는 단어는 〈しぬ〉밖에 없기 때문에 〈しぬ〉로 쓰지 않는 표현은 삭제시켰다.

- 신은 죽지 않지만 인간은 죽습니다.
  神様(かみさま)は死(し)なないけど、人間(にんげん)は死(し)にます。 (현재형)

- 오늘 여기에서 죽을 겁니다.
  今日(きょう)ここで死(し)にます。 (미래형)

- 기무라 씨는 어제 죽었습니다.
  木村(きむら)さんは昨日(きのう)死(し)にました。

- 신은 안 죽습니다.
  神様(かみさま)は死(し)にません。
  = **神様(かみさま)は死(し)なないです。**

- 주인공은 안 죽었습니다.

 主人公(しゅじんこう)は死にませんでした。

 = 主人公(しゅじんこう)は死ななかったんです。

- 오늘은 정말 죽고 싶습니다.

 今日(きょう)は本当(ほんとう)に死にたいです。

- 아직 젊기 때문에 죽고 싶지 않습니다.

 まだ若(わか)いから死にたくありません。

 = まだ若(わか)いから死にたくないです。

- 하고 싶은 일이 많이 있었기 때문에 죽고 싶지(는) 않았습니다.

 やりたいことがたくさんあったから死にたく(は)ありませんでした。

 = やりたいことがたくさんあったから死にたく(は)なかったんです。

- 시험에 떨어져서 정말 죽고 싶었습니다.

 試験(しけん)に落(お)ちて本当(ほんとう)に死にたかったんです。

- 모든 원한이 풀렸기 때문에 이제는 편안히 죽을 수 있습니다.

 すべての恨(うら)みが解(と)けたからこれからは楽(らく)に死ねます。

- 나는 하고 싶은 일이 많이 있기 때문에 아직 죽을 수 없습니다.

  私(わたし)はやりたいことがたくさんあるからまだ死ねません。

  = 私(わたし)はやりたいことがたくさんあるからまだ死ねないです。

- 죽고 싶어도 아이들을 생각하면 죽을 수 없었습니다.

  死にたくても子供(こども)のことを考(かんが)えると死ねませんでした。

  = 死にたくても子供(こども)のことを考(かんが)えると死ねなかったんです。

- 지금 여기서 같이 죽읍시다.

  今(いま)ここで一緒(いっしょ)に死にましょう。

- 신은 죽지 않습니까?

  神様(かみさま)は死にませんか。

  = 神様(かみさま)は死なないですか。

- 양친을 만나기 전에는 절대로 죽어서는 안 됩니다.

  両親(りょうしん)に会(あ)うまでは絶対(ぜったい)死んではいけません。

  = 両親(りょうしん)に会(あ)うまでは絶対(ぜったい)死んじゃいけないです。

- 나는 이제 100살을 넘었기 때문에 죽어도 좋습니다.

  私(わたし)はもう百歳(ひゃくさい)を越(こ)えたので死んでもいいです。

- 당신이 죽는다면 나도 따라서 죽겠습니다.

  あなたが死んだら私もついて死にます。

- 당신이 죽으면 세상 모든 사람들이 웁니다.

  あなたが死ねば世界のすべての人が泣きます。

- 모든 생명체는 죽으면 몸이 썩습니다.

  すべての生き物は死ぬと体が腐ります。

- 그 개구리는 죽어 있을 것 같습니다.

  あのかえるは死んでいそうです。

- 이 돼지는 이 정도로는 죽지 않을 것 같습니다.

  この豚はこのくらいでは死ななさそうです。

- 기무라 씨는 시험에 떨어져서 죽고 싶다고 합니다.

  木村さんは試験に落ちて死にたいそうです。

- 이 개구리는 죽어 있는 것 같습니다.

  このかえるは死んでいるようです。

  = このかえるは死んでいるみたいです。

- 이 개구리는 죽어 있는 것 같습니다.

  このかえるは死んでいるらしいです。

- 이 개구리는 죽어 있다고 합니다.

  このかえるは死んでいるそうです。

- 사람의 세포가 죽으면 죽을수록 점점 늙어집니다.

  人間の細胞が死ねば死ぬほどだんだん老けてしまいます。

- 당신도 나와 같이 죽어야 하지 않겠습니까?

  あなたも私と一緒に死のうじゃないですか。

- 기무라 씨가 지금 죽으려고 합니다.

  木村さんが今死のうとしています。

- 만약 기무라 씨가 죽는다면 몇 살에 죽으면 좋다고 생각합니까?

  もし木村さんが死ぬなら何才で死んだらいいと思いますか。

- 차라리 죽는 편이 낫다고 생각합니다.

  むしろ死んだほうが増しだと思います。

- 큰 부상을 당한 사람이 많아서 오늘도 많은 사람이 죽겠네요.
  大怪我をした人が多いので今日もたくさんの人が死ぬでしょう。

- 어제도 많은 사람들이 죽었겠네요.
  昨日もたくさんの人が死んだでしょう。

- 당신이 다나카 씨를 죽게 했습니다.
  あなたが田中さんを死なせました。
  = あなたが田中さんを死なせたんです。

반말

- 신은 죽지 않지만 인간은 죽는다.
  神様は死なないけど、人間は死ぬ。 (현재형)

- 오늘 여기에서 죽을 거다.
  今日ここで死ぬ。 (미래형)

- 기무라가 어제 죽었다.
  木村が昨日死んだ。

- 신은 안 죽습니다.
  <ruby>神<rt>かみ</rt></ruby><ruby>様<rt>さま</rt></ruby>は死なない。

- 주인공은 안 죽었다.
  <ruby>主人公<rt>しゅじんこう</rt></ruby>は死ななかった。

- 오늘은 정말 죽고 싶다.
  <ruby>今日<rt>きょう</rt></ruby>は本当(ほんとう)に死にたい。

- 아직 젊기 때문에 죽고 싶지 않다.
  まだ<ruby>若<rt>わか</rt></ruby>いから死にたくない。

- 하고 싶은 일이 많이 있었기 때문에 죽고 싶지(는) 않았다.
  やりたいことがたくさんあったから死にたく(は)なかった。

- 시험에 떨어져서 정말 죽고 싶었다.
  <ruby>試験<rt>しけん</rt></ruby>に<ruby>落<rt>お</rt></ruby>ちて<ruby>本当<rt>ほんとう</rt></ruby>に死にたかった。

- 모든 원한이 풀렸기 때문에 이제는 편안히 죽을 수 있다.
  すべての<ruby>恨<rt>うら</rt></ruby>みが<ruby>解<rt>と</rt></ruby>けたからこれからは<ruby>楽<rt>らく</rt></ruby>に死ねる。

- 나는 하고 싶은 일이 많이 있기 때문에 아직 죽을 수 없다.

  私はやりたいことがたくさんあるからまだ死ねない。

- 죽고 싶어도 아이들을 생각하면 죽을 수 없었다.

  死にたくても子供のことを考えると死ねなかった。

- 지금 여기서 같이 죽자.

  今ここで一緒に死のう。

- 신은 죽지 않는가?

  神様は死なないのか。

- 양친을 만나기 전에는 절대로 죽어서는 안 된다.

  両親に会うまでは絶対死んではいけない。
  = 両親に会うまでは絶対死んじゃいけない。

- 나는 이제 100살을 넘었기 때문에 죽어도 좋다.

  私はもう百歳を越えたので死んでもいい。

- 너가 죽는다면 나도 따라서 죽겠다.

  あなたが死んだら私もついて死ぬ。

04. 死ぬ 죽다

- 너가 죽으면 세상 모든 사람들이 운다.

  あなたが死ねば世界のすべての人が泣く。

- 모든 생명체는 죽으면 몸이 썩는다.

  すべての生き物は死ぬと体が腐る。

- 그 개구리는 죽어 있을 것 같다.

  あのかえるは死んでいそうだ。

- 이 돼지는 이 정도로는 죽지 않을 것 같다.

  この豚はこのくらいでは死ななさそうだ。

- 기무라는 시험에 떨어져서 죽고 싶다고 한다.

  木村は試験に落ちて死にたいそうだ。

- 이 개구리는 죽어 있는 것 같다.

  このかえるは死んでいるようだ。

  ＝このかえるは死んでいるみたいだ。

- 이 개구리는 죽어 있는 것 같다.

  このかえるは死んでいるらしい。

- 이 개구리는 죽어 있다고 한다.

  このかえるは死んでいるそうだ。

- 사람의 세포가 죽으면 죽을수록 점점 늙어진다.

  人間(にんげん)の細胞(さいぼう)が死ねば死ぬほどだんだん老(ふ)けてしまう。

- 당신도 나와 같이 죽어야 하지 않겠냐?

  あなたも私(わたし)と一緒(いっしょ)に死のうじゃないか。

- 기무라가 지금 죽으려고 한다.

  木村(きむら)が今(いま)死のうとしている。

- 만약 기무라가 죽는다면 몇 살에 죽으면 좋다고 생각하냐?

  もし木村(きむら)が死ぬなら何才(なんさい)で死んだらいいと思(おも)うの。

- 차라리 죽는 편이 낫다고 생각한다.

  むしろ死んだほうが増(ま)しだと思(おも)う。

- 전쟁으로 많은 사람이 죽겠네.

  戦争(せんそう)でたくさんの人(ひと)が死ぬだろう。

- 어제도 많은 사람들이 죽었겠네.

  昨日(きのう)もたくさんの人(ひと)が死んだだろう。

- 당신이 다나카를 죽게 했다.

  あなたが田中(たなか)を死なせた。

05 遊ぶ 놀다

존댓말 遊ぶ

- 나는 놀지 않지만 기무라 씨는 놉니다.
 私は遊ばないけど、木村さんは遊びます。(현재형)

- 오늘은 하루 종일 놀 겁니다.
 今日は一日中遊びます。(미래형)

- 하루 종일 놀았습니다.
 一日中遊びました。

- 기무라 씨는 안 놉니다.
 木村さんは遊びません。
 = 木村さんは遊ばないです。

- 어제는 안 놀았습니다.
 昨日は遊びませんでした。
 = 昨日は遊ばなかったんです。

- 하루 종일 놀고 싶습니다.

  一日中遊びたいです。

- 오늘은 놀고 싶지 않습니다.

  今日は遊びたくありません。

  =今日は遊びたくないです。

- 어제는 놀고 싶지 않았습니다.

  昨日は遊びたくありませんでした。

  =昨日は遊びたくなかったんです。

- 나는 계속 놀고 싶었습니다.

  私はずっと遊びたかったんです。

- 9시까지는 놀 수 있습니다.

  9時までは遊べます。

- 이제 9시이기 때문에 더 이상은 놀 수 없습니다.

  もう9時なのでこれ以上は遊べません。

  =もう9時なのでこれ以上は遊べないです。

- 어제는 시간이 없어서 놀 수 없었습니다.

   昨日は時間がなかったので遊べませんでした。
   = 昨日は時間がなかったので遊べなかったんです。

- 오늘은 놉시다.

   今日は遊びましょう。

- 오늘은 안 놀 거예요?

   今日は遊びませんか。
   = 今日は遊ばないですか。

- 오늘은 놀아서는 안 됩니다.

   今日は遊んではいけません。
   = 今日は遊んじゃいけないです。

- 오늘은 놀아도 됩니까?

   今日は遊んでもいいですか。

- 당신이 논다면 나도 놀겠습니다.

   あなたが遊んだったら私も遊びます。

- 여기서 놀면 되지 않습니까?

    ここで遊べばいいんじゃないですか。

- 여기서 놀면 다칠지도 모릅니다.

    ここで遊ぶと怪我をするかもしれないです。

- 이제부터는 여기서 놀 수 없게 되었습니다.

    これからはここで遊べなくなったんです。

    = これからはここで遊べなくなりました。

- 이제부터는 여기서 놀 수 없게 되어 버렸습니다.

    これからはここで遊べなくなってしまいました。

    = これからはここで遊べなくなってしまったんです。

    = これからはここで遊べなくなっちゃいました。

    = これからはここで遊べなくなっちゃったんです。

- 기무라 씨는 오늘 놀고 싶어 하는 것 같습니다.

    木村さんは今日遊びたがっているようです。

- 이제 9시이기 때문에 더 이상은 놀 수 없을 것 같습니다.

    もう9時なのでこれ以上は遊べなさそうです。

- 오늘도 기무라 씨는 밑에서 놀고 있을 것 같습니다.

  今日も木村さんは下で遊んでいそうです。

- 다나카 씨는 오늘 놀지 않을 것 같습니다.

  田中さんは今日遊ばなさそうです。

- 여기서도 놀 수 있을 것 같습니다.

  ここでも遊べそうです。

- 더 이상은 놀 수 있을 것 같지도 않습니다.

  これ以上は遊べそうもないです。

- 기무라 씨는 오늘 놀고 싶다고 합니다.

  木村さんは今日遊びたいそうです。

- 지금 다들 밑에서 놀고 있는 것 같습니다.

  今みんな下で遊んでいるようです。
  =今みんな下で遊んでいるみたいです。

- 지금 다들 밑에서 놀고 있는 것 같습니다.

  今みんな下で遊んでいるらしいです。

05. 遊ぶ 놀다

- 지금 다들 밑에서 놀고 있다고 합니다.

  今みんな下で遊んでいるそうです。

- 기무라 씨가 나에게 억지로 놀게 했습니다.

  (나는 〈놀기 싫었는데〉 기무라 씨에게 억지로 놂을 당했습니다.)

  私は木村さんに遊ばされました。
  = 私は木村さんに遊ばされたんです。
  = 私は木村さんに遊ばせられました。(그다지 많이 안씀)

- 놀면 놀수록 더욱 놀고 싶어집니다.

  遊べば遊ぶほどもっと遊びたくなります。

- 오래간만에 만났기 때문에 오늘이야말로 같이 놀아야 하지 않겠습니까?

  久しぶりに会ったから今日こそ思いっきり遊ぼうじゃないですか。

- 오늘은 하루 종일 놀려고 합니다.

  今日は一日中遊ぼうとしています。

- 만약 오늘 논다면 어디서 노는 편이 좋다고 생각합니까?

  もし今日遊ぶならどこで遊んだほうがいいと思いますか。

- 일주일 계속 공부했기 때문에 오늘은 절대로 놀지 않으면 안 됩니다.
  一週間ずっと勉強していたから今日は絶対遊ばなければだめです。
  = 一週間ずっと勉強していたから今日は絶対遊ばなきゃだめです。
  = 一週間ずっと勉強していたから今日は絶対遊ばなければなりません。
  = 一週間ずっと勉強していたから今日は絶対遊ばなければならないです。

- 오늘은 여기에서 노는 편이 좋다고 생각합니다.
  今日はここで遊んだほうがいいと思います。

- 오늘은 여기에서 놀지 않는 편이 좋다고 생각합니다.
  今日はここで遊ばないほうがいいと思います。

- 오늘은 많이 놀겠네요.
  今日はたくさん遊ぶでしょう。

- 어제 많이 놀았겠네요.
  昨日たくさん遊んだでしょう。

- 우리 아이와 같이 놀아 주세요.

  うちの子供と一緒に遊んでください。

- 어제는 밤 늦게까지 아이를 놀게 했습니다.

  昨日は夜遅くまで子供を遊ばせました。
  = 昨日は夜遅くまで子供を遊ばせたんです。

반말

- 나는 놀지 않지만 기무라는 논다.

  私は遊ばないけど, 木村は遊ぶ。(현재형)

- 오늘은 하루 종일 놀 거야.

  今日は一日中遊ぶ。(미래형)

- 하루 종일 놀았다.

  一日中遊んだ。

- 기무라는 안 놀아.

  木村は遊ばない。

- 어제는 안 놀았다.
  昨日(きのう)は遊ばなかった。

- 하루 종일 놀고 싶다.
  一日中(いちにちじゅう)遊びたい。

- 오늘은 놀고 싶지 않다.
  今日(きょう)は遊びたくない。

- 어제는 놀고 싶지 않았다.
  昨日(きのう)は遊びたくなかった。

- 나는 계속 놀고 싶었다.
  私(わたし)はずっと遊びたかった。

- 9시까지는 놀 수 있다.
  9時(くじ)までは遊べる。

- 이제 9시이기 때문에 더 이상은 놀 수 없다.
  もう9時(くじ)なのでこれ以上(いじょう)は遊べない。

- 어제는 시간이 없어서 놀 수 없었다.

  昨日（きのう）は時間（じかん）がなかったので遊べなかった。

- 오늘은 놀자.

  今日（きょう）は遊ぼう。

- 오늘은 안 놀 거야?

  今日（きょう）は遊ばないの。

- 오늘은 놀아서는 안 된다.

  今日（きょう）は遊んではいけない。

  = 今日（きょう）は遊んじゃいけない。

- 오늘은 놀아도 되냐?

  今日（きょう）は遊んでもいいの。

- 너가 논다면 나도 놀거야.

  あなたが遊んだったら私（わたし）も遊ぶ。

- 여기서 놀면 되지 않냐?

  ここで遊べばいいんじゃないの。

- 여기서 놀면 다칠지도 모른다.

 ここで遊ぶと怪我をするかもしれない。

- 이제부터는 여기서 놀 수 없게 되었다.

 これからはここで遊べなくなった。

- 이제부터는 여기서 놀 수 없게 되어 버렸다.

 これからはここで遊べなくなってしまった。

 ＝これからはここで遊べなくなっちゃった。

- 기무라는 오늘 놀고 싶어 하는 것 같다.

 木村は今日遊びたがっているようだ。

- 이제 9시이기 때문에 더 이상은 놀 수 없을 것 같다.

 もう9時なのでこれ以上は遊べなさそうだ。

- 오늘도 기무라는 밑에서 놀고 있을 것 같다.

 今日も木村は下で遊んでいそうだ。

- 다나카는 오늘 놀지 않을 것 같다.

 田中は今日遊ばなさそうだ。

- 여기서도 놀 수 있을 것 같다.

  ここでも遊べそうだ。

- 더 이상은 놀 수 있을 것 같지도 않다.

  これ以上は遊べそうもない。

- 기무라는 오늘 놀고 싶다고 한다.

  木村は今日遊びたいそうだ。

- 지금 다들 밑에서 놀고 있는 것 같다.

  今みんな下で遊んでいるようだ。

  = 今みんな下で遊んでいるみたいだ。

- 지금 다들 밑에서 놀고 있는 것 같다.

  今みんな下で遊んでいるらしい。

- 지금 다들 밑에서 놀고 있다고 한다.

  今みんな下で遊んでいるそうだ。

- 기무라가 나에게 억지로 놀게 했다.

  (나는 〈놀기 싫었는데〉 기무라에게 억지로 놂을 당했다.)

  私は木村に遊ばされた。

  = 私は木村に遊ばせられた。 (그다지 많이 안 씀)

- 놀면 놀수록 더욱 놀고 싶어진다.

  遊べば遊ぶほどもっと遊びたくなる。

- 오래간만에 만났기 때문에 오늘이야말로 같이 놀아야 하지 않겠냐?

  久しぶりに会ったから今日こそ思いきり遊ぼうじゃないか。

- 오늘은 하루 종일 놀려고 한다.

  今日は一日中遊ぼうとしている。

- 만약 오늘 논다면 어디서 노는 편이 좋다고 생각하냐?

  もし今日遊ぶならどこで遊んだほうがいいと思うの。

- 일주일 계속 공부했기 때문에 오늘은 절대로 놀지 않으면 안 된다.

  一週間ずっと勉強していたから今日は絶対遊ばなければだめだ。

  = 一週間ずっと勉強していたから今日は絶対遊ばなきゃだめだ。

  = 一週間ずっと勉強していたから今日は絶対遊ばなければならない。

- 오늘은 여기에서 노는 편이 좋다고 생각한다.

  今日はここで遊んだほうがいいと思う。

05. 遊ぶ 놀다

- 오늘은 여기에서 놀지 않는 편이 좋다고 생각한다.
  今日はここで遊ばないほうがいいと思う。

- 오늘은 많이 놀겠네.
  今日はたくさん遊ぶだろう。

- 어제 많이 놀았겠네.
  昨日たくさん遊んだだろう。

- 우리 아이와 같이 놀아 줘.
  うちの子供と一緒に遊んでくれ。

- 어제는 밤 늦게까지 아이를 놀게 했다.
  昨日は夜遅くまで子供を遊ばせた。

06 飲む 마시다

존댓말 飲む

- 술은 마시지 않지만 주스는 마십니다.
  お酒は飲まないけど、ジュースは飲みます。(현재형)

- 오늘은 술을 마시겠습니다.
  今日はお酒を飲みます。(미래형)

- 제가 마셨습니다.
  私が飲みました。

- 술은 안 마십니다.
  お酒は飲みません。
  ＝お酒は飲まないです。

- 어제는 술을 안 마셨습니다.
  昨日はお酒を飲みませんでした。
  ＝昨日はお酒を飲まなかったんです。

- 오늘은 술을 마시고 싶습니다.
  今日はお酒を飲みたいです。

- 오늘은 술을 마시고 싶지 않습니다.
  今日はお酒を飲みたくありません。
  = 今日はお酒を飲みたくないです。

- 어제는 술을 마시고 싶지 않았습니다.
  昨日はお酒を飲みたくありませんでした。
  = 昨日はお酒を飲みたくなかったんです。

- 어제는 술을 마시고 싶었습니다.
  昨日はお酒を飲みたかったんです。

- 나도 술을 마실 수 있습니다.
  私もお酒を飲めます。

- 나는 술을 마실 수 없습니다.
  私はお酒を飲めません。
  = 私はお酒を飲めないです。

- 운전하기 위해서 술을 마실 수 없었습니다.

    運転するためにお酒を飲めませんでした。
    = 運転するためにお酒を飲めなかったんです。

- 함께 술을 마십시다.

    一緒にお酒を飲みましょう。

- 다나카 씨는 술을 안 마십니까?

    田中さんはお酒を飲みませんか。
    = 田中さんはお酒を飲まないですか。

- 밤늦게까지 술을 마셔서는 안 됩니다.

    夜遅くまでお酒を飲んではいけません。
    = 夜遅くまでお酒を飲んじゃいけないです。

- 함께 술을 마셔도 됩니까?

    一緒にお酒を飲んでもいいですか。

- 나는 술을 마시면 얼굴이 새빨개집니다.

    私はお酒を飲んだら顔が真っ赤になります。

- 그녀는 술을 마시면 항상 웁니다.
  彼女はお酒を飲めばいつも泣きます。

- 나는 술을 마시면 바로 얼굴이 빨개집니다.
  私はお酒を飲むとすぐ顔が赤くなります。

- 이 주스가 상해서 마실 수 없게 되었습니다.
  このジュースが腐って飲めなくなったんです。
  ＝このジュースが腐って飲めなくなりました。

- 이 주스가 상해서 마실 수 없게 되어 버렸습니다.
  このジュースが腐って飲めなくなってしまいました。
  ＝このジュースが腐って飲めなくなってしまったんです。
  ＝このジュースが腐って飲めなくなっちゃいました。
  ＝このジュースが腐って飲めなくなっちゃったんです。

- 다나카 씨는 물을 마시고 싶어 하는 것 같습니다.
  田中さんは水を飲みたがっているようです。

- 이 물은 마실 수 없을 것 같습니다.
  この水は飲めなさそうです。

- 사장님은 오늘 맥주를 마실 것 같습니다.
  社長は今日ビールを飲みそうです。

- 사장님은 오늘 술을 마시지 않을 것 같습니다.
  社長は今日お酒を飲まなさそうです。

- 사장님은 오늘도 혼자서 술을 마시고 있을 것 같습니다.
  社長は今日も独りでお酒を飲んでいそうです。

- 중국술은 엄청 강하다고 들었지만 마실 수 있을 것 같습니다.
  中国のお酒はすごく強いと聞いたけど、飲めそうです。

- 더 이상은 마실 수 있을 것 같지도 않습니다.
  これ以上は飲めそうもないです。

- 다나카 씨는 이것을 마시고 싶다고 합니다.
  田中さんはこれを飲みたいそうです。

- 지금 전부 술을 마시고 있는 것 같습니다.
  今みんなお酒を飲んでいるようです。
  ＝今みんなお酒を飲んでいるみたいです。

- 지금 전부 술을 마시고 있는 것 같습니다.

   今(いま)みんなお酒(さけ)を飲(の)んでいるらしいです。

- 지금 전부 술을 마시고 있다고 합니다.

   今(いま)みんなお酒(さけ)を飲(の)んでいるそうです。

- 사장님이 나에게 억지로 술을 먹였습니다.

   (나는 사장님에게 억지로 술을 먹임을 당했습니다.)

   私(わたし)は社長(しゃちょう)にお酒(さけ)を飲(の)まされました。

   = 私(わたし)は社長(しゃちょう)にお酒(さけ)を飲(の)まされたんです。

   = 私(わたし)は社長(しゃちょう)にお酒(さけ)を飲(の)ませられました。 (그다지 많이 안 씀)

- 술을 마시면 마실수록 그녀가 생각납니다.

   お酒(さけ)を飲(の)めば飲(の)むほど,彼女(かのじょ)のことを思(おも)い出(だ)してしまいます。

- 오래간만에 만났으니까 술이라도 마셔야 하지 않겠습니까?

   久(ひさ)しぶりに会(あ)ったからお酒(さけ)でも飲(の)もうじゃないですか。

- 오늘은 술을 조금만 마시려고 합니다.

   今日(きょう)はお酒(さけ)をちょっとだけ飲(の)もうとしています。

- 만약 술을 마신다면 어떤 술을 좋아합니까?

  もしお酒を飲むならどんなお酒が好きですか。

- 오늘은 술을 마시지 않으면 안 됩니다.

  今日はお酒を飲まなければだめです。

  ＝今日はお酒を飲まなきゃなりません。

  ＝今日はお酒を飲まなければなりません。

  ＝今日はお酒を飲まなければならないです。

- 오늘은 맥주를 마시는 편이 좋다고 생각합니다.

  今日はビールを飲んだほうがいいと思います。

- 오늘은 술을 마시지 않는 편이 좋다고 생각합니다.

  今日はお酒を飲まないほうがいいと思いいます。

- 오늘은 술을 많이 마시겠네요.

  今日はお酒をたくさん飲むでしょう。

- 어제 술을 많이 마셨겠네요.

  昨日お酒をたくさん飲んだでしょう。

06. 飲む 마시다

- 나 대신에 술을 마셔 주세요.
  私の代わりにお酒を飲んでください。

- 실수로 아이에게 술을 마시게 했습니다.
  間違って子供にお酒を飲ませました。
  = 間違って子供にお酒を飲ませたんです。

반말

- 술은 안 마시지만 주스는 마신다.
  お酒は飲まないけど、ジュースは飲む。 (현재형)

- 오늘은 술을 마실 거다.
  今日はお酒を飲む。 (미래형)

- 내가 마셨다.
  私が飲んだ。

- 술은 안 마신다.
  お酒は飲まない。

- 어제는 술을 안 마셨다.
  昨日(きのう)はお酒(さけ)を飲まなかった。

- 오늘은 술을 마시고 싶다.
  今日(きょう)はお酒(さけ)を飲みたい。

- 오늘은 술은 마시고 싶지 않다.
  今日(きょう)はお酒(さけ)は飲みたくない。

- 어제는 술을 마시고 싶지 않았다.
  昨日(きのう)はお酒(さけ)を飲みたくなかった。

- 어제는 술을 마시고 싶었다.
  昨日(きのう)はお酒(さけ)を飲みたかった。

- 나도 술을 마실 수 있다.
  私(わたし)もお酒(さけ)を飲める。

- 나는 술을 마실 수 없다.
  私(わたし)はお酒(さけ)を飲めない。

- 운전하기 위해서 술을 마실 수 없었다.
運転するためにお酒を飲めなかった。

- 함께 술을 마시자.
一緒にお酒を飲もう。

- 다나카는 술을 안 마시니?
田中はお酒を飲まないの。

- 밤늦게까지는 술을 마셔서는 안 된다.
夜遅くまでお酒を飲んではいけない。
= 夜遅くまでお酒を飲んじゃいけない。

- 함께 술을 마셔도 되니?
一緒にお酒を飲んでもいいの。

- 나는 술을 마시면 얼굴이 새빨개진다.
私はお酒を飲んだら顔が真っ赤になる。

- 그녀는 술을 마시면 항상 운다.
彼女はお酒を飲めばいつも泣く。

- 나는 술을 마시면 바로 얼굴이 빨개진다.

  私はお酒を飲むとすぐ顔が赤くなる。

- 이 주스가 상해서 마실 수 없게 되었다.

  このジュースが腐って飲めなくなった。

- 이 주스가 상해서 마실 수 없게 되어버렸다.

  このジュースが腐って飲めなくなっちゃった。

  ＝このジュースが腐って飲めなくなってしまった。

- 다나카는 물을 마시고 싶어 하는 것 같다.

  田中は水を飲みたがっているようだ。

- 이 물은 마실 수 없을 것 같다.

  この水は飲めなさそうだ。

- 사장님은 오늘 맥주를 마실 것 같다.

  社長は今日ビールを飲みそうだ。

- 사장님은 오늘 술을 마시지 않을 것 같다.

  社長は今日お酒を飲まなさそうだ。

06. 飲む 마시다

- 사장님은 오늘도 혼자서 술을 마시고 있을 것 같다.
  社長は今日も独りでお酒を飲んでいそうだ。

- 중국술은 엄청 강하다고 들었지만 마실 수 있을 것 같다.
  中国のお酒はすごく強いと聞いたけど,飲めそうだ。

- 더 이상은 마실 수 있을 것 같지도 않다.
  これ以上は飲めそうもない。

- 다나카는 이것을 마시고 싶다고 한다.
  田中はこれを飲みたいそうだ。

- 지금 전부 술을 마시고 있는 것 같다.
  今みんなお酒を飲んでいるようだ。
  = 今みんなお酒を飲んでいるみたいだ。

- 지금 전부 술을 마시고 있는 것 같다.
  今みんなお酒を飲んでいるらしい。

- 지금 전부 술을 마시고 있다고 한다.
  今みんなお酒を飲んでいるそうだ。

- 사장님이 나에게 억지로 술을 먹였다.

  (나는 사장님에게 술을 먹임을 당했다.)

  私は社長にお酒を飲まされた。
  = 私は社長にお酒を飲ませられた。(그다지 많이 안 씀)

- 술을 마시면 마실수록 그녀가 생각난다.

  お酒を飲めば飲むほど,彼女のことを思い出してしまう。

- 오래간만에 만났으니까 술이라도 마셔야 하지 않겠나?

  久しぶりに会ったからお酒でも飲もうじゃないか。

- 오늘은 술을 조금만 마시려고 한다.

  今日はお酒をちょっとだけ飲もうとしている。

- 만약 술을 마신다면 어떤 술을 좋아하니?

  もしお酒を飲むならどんなお酒が好きなの。

- 오늘은 사장님도 오시니까 술을 안 마시면 안 된다.

  今日は社長もいらっしゃるからお酒を飲まなければだめだ。
  = 今日は社長もいらっしゃるからお酒を飲まなきゃならない。
  = 今日は社長もいらっしゃるからお酒を飲まなければならない。

- 오늘은 맥주를 마시는 편이 좋다고 생각한다.
今日はビールを飲んだほうがいいと思う。

- 오늘은 술을 마시지 않는 편이 좋다고 생각한다.
今日はお酒を飲まないほうがいいと思いう。

- 오늘은 술을 많이 마시겠네.
今日はお酒をたくさん飲むだろう。

- 어제 술을 많이 마셨겠네.
昨日お酒をたくさん飲んだだろう。

- 나 대신에 술을 마셔 줘.
私の代わりにお酒を飲んでくれ。

- 실수로 아이에게 술을 마시게 했다.
間違って子供にお酒を飲ませた。

07 書く 쓰다

존댓말 書く

- 나는 일기를 안 쓰지만 기무라 씨는 일기를 씁니다.

  私は日記を書かないけど、木村さんは日記を書きます。(현재형)

- 내일은 일기를 쓸 겁니다.

  あしたは日記を書きます。(미래형)

- 일기를 썼습니다.

  日記を書きました。

- 기무라 씨는 일기를 안 씁니다.

  木村さんは日記を書きません。
  = 木村さんは日記を書かないです。

- 어제는 일기를 안 썼습니다.

  昨日は日記を書きませんでした。
  = 昨日は日記を書かなかったんです。

- 일기를 쓰고 싶습니다.

  日^{にっ}記^きを書きたいです。

- 오늘은 일기를 쓰고 싶지 않습니다.

  今日^{きょう}は日記^{にっき}を書きたくありません。

  = 今日^{きょう}は日記^{にっき}を書きたくないです。

- 어제는 일기를 쓰고 싶지 않았습니다.

  昨日^{きのう}は日記^{にっき}を書きたくありませんでした。

  = 昨日^{きのう}は日記^{にっき}を書きたくなかったんです。

- 나는 일기를 쓰고 싶었습니다.

  私^{わたし}は日記^{にっき}を書きたかったんです。

- 오늘은 여유가 있기 때문에 일기를 쓸 수 있습니다.

  今日^{きょう}は余裕^{よゆう}があるから日記^{にっき}を書けます。

- 오늘은 여유가 없기 때문에 일기를 쓸 수 없습니다.

  今日^{きょう}は余裕^{よゆう}がないから日記^{にっき}を書けません。

  = 今日^{きょう}は余裕^{よゆう}がないから日記^{にっき}を書けないです。

- 어제는 시간이 없었기 때문에 일기를 쓸 수 없었습니다.
  昨日は時間がなかったので日記を書けませんでした。
  = 昨日は時間がなかったので日記を書けなかったんです。

- 오늘은 일기를 씁시다.
  今日は日記を書きましょう。

- 오늘은 일기를 안 쓸 거예요?
  今日は日記を書きませんか。
  = 今日は日記を書かないですか。

- 사람 이름을 틀리게 써서는 안 됩니다.
  人の名前を間違えて書いてはいけません。
  = 人の名前を間違えて書いちゃいけません。

- 일기를 써도 됩니까?
  日記を書いてもいいですか。

- 기무라 씨는 오늘 일기를 쓴다면 어떤 내용을 쓸 겁니까?
  木村さんは今日日記を書くならどんな内容を書きますか。

- 여기에 쓰면 되지 않습니까?

ここに書けばいいんじゃないですか。

- 매일 일기를 쓰는 게 어떻습니까?

毎日日記を書いたらどうですか。

- 일기를 쓰면 하루 일이 정리됩니다.

日記を書くと一日の事が整理できます。

- 일본어 공부를 그만둔 지 10년도 넘었기 때문에 히라가나도 전혀 쓸 수 없게 되었습니다.

日本語の勉強を辞めてから10年も過ぎたのでひらがなも全然書けなくなったんです。
= 日本語の勉強を辞めてから10年も過ぎたのでひらがなも全然書けなくなりました。

- 일본어 공부를 그만둔 지 10년도 넘었기 때문에 히라가나도 전혀 쓸 수 없게 되어 버렸습니다.

日本語の勉強を辞めてから10年も過ぎたのでひらがなも全然書けなくなってしまいました。
= 日本語の勉強を辞めてから10年も過ぎたのでひらがなも全然書けなくなってしまったんです。

= 日本語の勉強を辞めてから10年も過ぎたのでひらがなも全然書けなくなっちゃいました。
= 日本語の勉強を辞めてから10年も過ぎたのでひらがなも全然書けなくなっちゃったんです。

- 기무라 씨는 오늘 일기를 쓰고 싶어 하는 것 같습니다.
木村さんは今日日記を書きたがっているようです。

- 일본어 공부를 그만둔 지 10년도 넘었기 때문에 히라가나도 전혀 쓸 수 없을 것 같습니다.
日本語の勉強を辞めてから10年も過ぎたのでひらがなも全然書けなさそうです。

- 지금 기무라 씨는 일기를 쓰고 있을 것 같습니다.
今木村さんは日記を書いていそうです。

- 다나카 씨는 오늘 일기를 쓰지 않을 것 같습니다.
田中さんは今日日記を書かなさそうです。

- 나도 히라가나를 쓸 수 있을 것 같습니다.
私もひらがなを書けそうです。

07. 書く 쓰다

- 오른손이 아파서 글을 쓸 수 있을 것 같지도 않습니다.
  右手が痛くて字を書けそうもないです。

- 기무라 씨는 오늘 일기를 쓰고 싶다고 합니다.
  木村さんは今日日記を書きたいそうです。

- 지금 다들 일기를 쓰고 있는 것 같습니다.
  今みんな日記を書いているようです。
  = 今みんな日記を書いているみたいです。

- 지금 다들 일기를 쓰고 있는 것 같습니다.
  今みんな日記を書いているらしいです。

- 지금 다들 일기를 쓰고 있다고 합니다.
  今みんな日記を書いているそうです。

- 선생님이 나에게 억지로 일기를 쓰게 했습니다. (나는 〈일기를 쓰기 싫었는데〉 선생님에게 억지로 일기 쓰기를 당했습니다.)
  私は先生さんに日記を書かされました。
  = 私は先生さんに日記を書かされたんです。
  = 私は先生さんに日記を書かせられました。 (그다지 많이 안 씀)

- 일기를 쓰면 쓸수록 더욱 쓰고 싶어집니다.

  日記を書けば書くほどもっと書きたくなります。

- 우리들도 매일 일기를 써야하지 않겠습니까?

  私たちも毎日日記を書こうじゃないですか。

- 친구에게 편지를 쓰려고 합니다.

  友達に手紙を書こうとしています。

- 만약 편지를 쓴다면 누구에게 쓰고 싶습니까?

  もし手紙を書くならだれに書きたいですか。

- 오늘은 어머니 날이니까 어머니에게 편지를 쓰지 않으면 안 됩니다.

  今日は母の日だから母に手紙を書かなければだめです。
  = 今日は母の日だから母に手紙を書かなきゃだめです。
  = 今日は母の日だから母に手紙を書かなければなりません。
  = 今日は母の日だから母に手紙を書かなければならないです。

- 오늘은 일기를 쓰는 편이 좋다고 생각합니다.

  今日は日記を書いたほうがいいと思います。

- 어려운 한자는 쓰지 않는 편이 좋다고 생각합니다.
  難しい漢字は書かないほうがいいと思います。

- 오늘은 일기를 쓰겠네요.
  今日は日記を書くでしょう。

- 어제는 일기를 썼겠네요.
  昨日は日記を書いたでしょう。

- 일본어로 편지를 써 주세요.
  日本語で手紙を書いてください。

- 아이에게 일기를 쓰게 했습니다.
  子供に日記を書かせました。
  = 子供に日記を書かせたんです。

반말

- 나는 일기를 안 쓰지만 기무라는 일기를 써.
  私は日記を書かないけど、木村は日記を書く。(현재형)

- 내일은 일기를 쓸 거야.
  あしたは日記を書く。 (미래형)

- 일기를 썼다.
  日記を書いた。

- 기무라는 일기를 안 써.
  木村は日記を書かない。

- 어제는 일기를 안 썼다.
  昨日は日記を書かなかった。

- 일기를 쓰고 싶다.
  日記を書きたい。

- 오늘은 일기를 쓰고 싶지 않다.
  今日は日記を書きたくない。

- 어제는 일기를 쓰고 싶지 않았다.
  昨日は日記を書きたくなかった。

■ 나는 일기를 쓰고 싶었다.
私は日記を書きたかった。

■ 오늘은 여유가 있기 때문에 일기를 쓸 수 있다.
今日は余裕があるから日記を書ける。

■ 오늘은 여유가 없기 때문에 일기를 쓸 수 없다.
今日は余裕がないから日記を書けない。

■ 어제는 시간이 없었기 때문에 일기를 쓸 수 없었다.
昨日は時間がなかったので日記を書けなかった。

■ 오늘은 일기를 쓰자.
今日は日記を書こう。

■ 오늘은 일기를 안 쓸 거야?
今日は日記を書かないの。

■ 사람 이름을 틀리게 써서는 안 된다.
人の名前を間違えて書いてはいけない。
＝人の名前を間違えて書いちゃいけない。

- 오늘은 일기를 써도 되냐?

  今日は日記を書いてもいいの。

- 기무라는 오늘 일기를 쓴다면 어떤 내용을 쓸 거냐?

  木村は今日日記を書くならどんな内容を書くの。

- 여기에 쓰면 되지 않냐?

  ここに書けばいいんじゃないの。

- 매일 일기를 쓰는 게 어때?

  毎日日記を書いたらどう。

- 일기를 쓰면 하루 일이 정리된다.

  日記を書くと一日の事が整理できる。

- 일본어 공부를 그만둔 지 10년도 넘었기 때문에 히라가나도 전혀 쓸 수 없게 되었다.

  日本語の勉強を辞めてから10年も過ぎたのでひらがなも全然書けなくなった。

- 일본어 공부를 그만둔 지 10년도 넘었기 때문에 히라가나도 전혀 쓸 수 없게 되어 버렸다.
 日本語の勉強を辞めてから10年も過ぎたのでひらがなも全然書けなくなってしまった。
 = 日本語の勉強を辞めてから10年も過ぎたのでひらがなも全然書けなくなっちゃった。

- 기무라는 오늘 일기를 쓰고 싶어 하는 것 같다.
 木村は今日日記を書きたがっているようだ。

- 일본어 공부를 그만둔 지 10년도 넘었기 때문에 히라가나도 전혀 쓸 수 없을 것 같다.
 日本語の勉強を辞めてから10年も過ぎたのでひらがなも全然書けなさそうだ。

- 지금 기무라는 일기를 쓰고 있을 것 같다.
 今木村は日記を書いていそうだ。

- 다나카는 오늘 일기를 쓰지 않을 것 같다.
 田中は今日日記を書かなさそうだ。

- 나도 히라가나를 쓸 수 있을 것 같다.
  私もひらがなを書けそうだ。

- 오른손이 아파서 글을 쓸 수 있을 것 같지도 않다.
  右手が痛くて字を書けそうもない。

- 기무라는 오늘 일기를 쓰고 싶다고 한다.
  木村は今日日記を書きたいそうだ。

- 지금 다들 일기를 쓰고 있는 것 같다.
  今みんな日記を書いているようだ。
  = 今みんな日記を書いているみたいだ。

- 지금 다들 일기를 쓰고 있는 것 같다.
  今みんな日記を書いているらしい。

- 지금 다들 일기를 쓰고 있다고 한다.
  今みんな日記を書いているそうだ。

- 선생님이 나에게 억지로 일기를 쓰게 했다. (나는 〈일기를 쓰기 싫었는데〉 선생님에게 억지로 일기 쓰기를 당했다.)

  私は先生に日記を書かされた。
  ＝ 私は先生に日記を書かせられた。(그다지 많이 안 씀)

- 일기를 쓰면 그럴수록 더욱 쓰고 싶어진다.

  日記を書けば書くほどもっと書きたくなる。

- 우리들도 매일 일기를 써야 하지 않겠는가?

  私たちも毎日日記を書こうじゃないか。

- 친구에게 편지를 쓰려고 한다.

  友達に手紙を書こうとしている。

- 만약 편지를 쓴다면 누구에게 쓰고 싶냐?

  もし手紙を書くならだれに書きたいの。

- 오늘은 어머니 날이니까 어머니에게 편지를 쓰지 않으면 안 된다.

  今日は母の日だから母に手紙を書かなければだめだ。
  ＝ 今日は母の日だから母に手紙を書かなきゃだめだ。
  ＝ 今日は母の日だから母に手紙を書かなければならない。

- 오늘은 일기를 쓰는 편이 좋다고 생각한다.

    今日は日記を書いたほうがいいと思う。

- 어려운 한자는 쓰지 않는 편이 좋다고 생각한다.

    難しい漢字は書かないほうがいいと思う。

- 오늘은 일기를 쓰겠네.

    今日は日記を書くだろう。

- 어제는 일기를 썼겠네.

    昨日は日記を書いただろう。

- 일본어로 편지를 써 줘.

    日本語で手紙を書いてくれ。

- 아이에게 일기를 쓰게 했다.

    子供に日記を書かせた。

08 稼ぐ 벌다

존댓말 稼ぐ

- 나는 돈을 벌지 않지만 기무라 씨는 돈을 법니다.
  私はお金を稼がないけど, 木村さんはお金を稼ぎます。(현재형)

- 기무라 씨는 돈을 벌 겁니다.
  木村さんはお金を稼ぎます。(미래형)

- 작년에 돈을 꽤 벌었습니다.
  去年はお金をけっこう稼ぎました。

- 부인은 돈을 안 법니다.
  妻はお金を稼ぎません。
  = 妻はお金を稼がないです。

- 작년에는 돈을 안 벌었습니다.
  去年はお金を稼ぎませんでした。
  = 去年はお金を稼がなかったんです。

- 나도 돈을 벌고 싶습니다.

  私(わたし)もお金(かね)を稼(かせ)ぎたいです。

- 나는 돈을 벌고 싶지 않습니다.

  私(わたし)はお金(かね)を稼(かせ)ぎたくありません。

  = 私(わたし)はお金(かね)を稼(かせ)ぎたくないです。

- 작년에는 돈을 벌고 싶지 않았습니다.

  去年(きょねん)はお金(かね)を稼(かせ)ぎたくありませんでした。

  = 去年(きょねん)はお金(かね)を稼(かせ)ぎたくなかったんです。

- 돈을 많이 벌고 싶었습니다.

  お金(かね)をたくさん稼(かせ)ぎたかったんです。

- 열심히 일을 하면 누구라도 많은 돈을 벌 수 있습니다.

  一生懸命(いっしょうけんめい)仕事(しごと)をすればだれでもたくさんのお金(かね)を稼(かせ)げます。

- 초등학생은 돈을 벌 수 없습니다.

  小学生(しょうがくせい)はお金(かね)を稼(かせ)げません。

  = 小学生(しょうがくせい)はお金(かね)を稼(かせ)げないです。

08. 稼ぐ 벌다

- 초등학생이었기 때문에 돈을 벌 수 없었습니다.
  小学生だったからお金を稼げませんでした。
  = 小学生だったからお金を稼げなかったんです。

- 돈을 법시다.
  お金を稼ぎましょう。

- 돈을 안 벌거예요?
  お金を稼ぎませんか。
  = お金を稼がないですか。

- 나쁜 짓을 해서 돈을 벌어서는 안 됩니다.
  悪いことをしてお金を稼いではいけません。
  = 悪いことをしてお金を稼いじゃいけないです。

- 돈을 벌어도 됩니까?
  お金を稼いでもいいですか。

- 돈을 벌면 반드시 빚을 갚아 주세요.
  お金を稼いだら必ず借金を返してください。

- 돈이 없으면 돈을 벌면 되지 않습니까?

  お金がないんだったらお金を稼げばいいんじゃないですか。

- 돈을 벌면 세금을 냅니다.

  お金を稼ぐと税金を払います。

- 병으로 입원을 해서 당분간 돈을 벌 수 없게 되었습니다.

  病気で入院してしばらくの間お金を稼げなくなったんです。

  = 病気で入院してしばらくの間お金を稼げなくなりました。

- 병으로 입원을 해서 당분간 돈을 벌 수 없게 되어 버렸습니다.

  病気で入院してしばらくの間お金を稼げなくなってしまいました。

  = 病気で入院してしばらくの間お金を稼げなくなってしまったんです。

  = 病気で入院してしばらくの間お金を稼げなくなっちゃいました。

  = 病気で入院してしばらくの間お金を稼げなくなっちゃったんです。

- 다나카 씨는 돈을 벌고 싶어 하는 것 같습니다.

  田中さんはお金を稼ぎたがっているようです。

- 병으로 입원을 해서 당분간 돈을 벌 수 없을 것 같습니다.
病気で入院してしばらくの間 お金を稼げなさそうです。

- 다나카 씨는 이번 달부터 돈을 벌 것 같습니다.
田中さんは今月からお金を稼ぎそうです。

- 다나카 씨는 계속 돈을 벌지 않을 것 같습니다.
田中さんはずっとお金を稼がなさそうです。

- 다나카 씨는 지금 일본에서 돈을 벌고 있을 것 같습니다.
田中さんは今日本でお金を稼いでいそうです。

- 조금만 더 열심히 하면 이번 달에 100만 엔은 벌 수 있을 것 같습니다.
もうちょっと頑張れば今月で100万円は稼げそうです。

- 이런 불경기에는 아무리 열심히 일을 해도 많은 돈은 벌 수 있을 것 같지도 않습니다.
こんな不景気ではいくら熱心に仕事をやってもたくさんのお金は稼げそうもないです。

- 다나카 씨는 열심히 일을 해서 많은 돈을 벌고 싶다고 합니다.
田中さんは熱心に仕事をやって たくさんのお金を稼ぎたいそうです。

- 다나카 씨는 열심히 일을 해서 많은 돈을 벌고 있는 것 같습니다.

  田中さんは熱心に仕事をやって たくさんのお金を稼いでいるようです。

  = 田中さんは熱心に仕事をやって たくさんのお金を稼いでいるみたいです。

- 다나카 씨는 열심히 일을 해서 많은 돈을 벌고 있는 것 같습니다.

  田中さんは熱心に仕事をやって たくさんのお金を稼いでいるらしいです。

- 다나카 씨는 열심히 일을 해서 많은 돈을 벌고 있다고 합니다.

  田中さんは熱心に仕事をやって たくさんのお金を稼いでいるそうです。

- 나는 계속 놀고 싶은데 아내는 억지로 돈을 벌게 했습니다.

  (나는 아내에게 억지로 돈을 벎을 당했습니다.)

  私はずっと遊びたいけど, 妻にお金を稼がされました。

  = 私はずっと遊びたいけど, 妻にお金を稼がされたんです。

  = 私はずっと遊びたいけど, 妻にお金を稼がせられました。

  (그다지 많이 안 씀)

- 돈을 벌면 벌수록 더욱 벌고 싶어집니다.

  お金を稼げば稼ぐほどもっと稼ぎたくなります。

- 가족을 위해서 돈을 많이 벌어야 하지 않겠습니까?

  家族のためにお金をたくさん稼ごうじゃないですか。

- 내일부터 돈을 벌려고 생각합니다.

  明日からお金を稼ごうと思っています。

- 만약 돈을 번다면 어느 정도 벌고 싶습니까?

  もしお金を稼ぐならどのくらい稼ぎたいですか。

- 나는 지금 빚이 있기 때문에 빨리 돈을 벌지 않으면 안 됩니다.

  私は今 借金があるから早くお金を稼がなければだめです。

  = 私は今 借金があるから早くお金を稼がなきゃだめです。

  = 私は今 借金があるから早くお金を稼がなければなりません。

  = 私は今 借金があるから早くお金を稼がなければならないです。

- 지금은 돈을 버는 편이 좋다고 생각합니다.

  今はお金を稼いだほうがいいと思います。

- 지금은 돈을 벌지 않는 편이 좋다고 생각합니다.

  今はお金を稼がないほうがいいと思います。

- 오늘은 돈을 많이 벌겠네요.
  今日はお金をたくさん稼ぐでしょう。

- 어제는 돈을 많이 벌었겠네요.
  昨日はお金をたくさん稼いだでしょう。

- 올해는 돈을 많이 벌어 주세요.
  今年はお金をたくさん稼いでください。

- 부인에게 돈을 벌게 했습니다.
  妻にお金を稼がせました。
  =妻にお金を稼がせたんです。

반말

- 나는 돈을 벌지 않지만 기무라는 돈을 번다.
  私はお金を稼がないけど,木村はお金を稼ぐ。(현재형)

- 기무라는 돈을 벌거야.
  木村はお金を稼ぐ。(미래형)

- 작년에 돈을 꽤 벌었다.

  去年(きょねん)はお金(かね)をけっこう稼(かせ)いだ。

- 부인은 돈을 안 벌어.

  妻(つま)はお金(かね)を稼(かせ)がない。

- 작년에는 돈을 안 벌었다.

  去年(きょねん)はお金(かね)を稼(かせ)がなかった。

- 나도 돈을 벌고 싶다.

  私(わたし)もお金(かね)を稼(かせ)ぎたい。

- 나는 돈을 벌고 싶지 않다.

  私(わたし)はお金(かね)を稼(かせ)ぎたくない。

- 작년에는 돈을 벌고 싶지 않았다.

  去年(きょねん)はお金(かね)を稼(かせ)ぎたくなかった。

- 돈을 많이 벌고 싶었다.

  お金(かね)をたくさん稼(かせ)ぎたかった。

- 열심히 일을 하면 누구라도 많은 돈을 벌 수 있다.
  一生懸命仕事をすればだれでもたくさんのお金を稼げる。

- 초등학생은 돈을 벌 수 없다.
  小学生はお金を稼げない。

- 초등학생이었기 때문에 돈을 벌 수 없었다.
  小学生だったからお金を稼げなかった。

- 돈을 벌자.
  お金を稼ごう。

- 돈을 안 벌래?
  お金を稼がないの。

- 나쁜 짓을 해서 돈을 벌어서는 안 된다.
  悪いことをしてお金を稼いではいけない。
  ＝悪いことをしてお金を稼いじゃいけない。

- 돈을 벌어도 되냐?
  お金を稼いでもいいの。

08. 稼ぐ 벌다

- 돈을 벌면 반드시 빚을 갚아 줘.
  お金を稼いだら必ず借金を返してくれ。

- 돈이 없으면 돈을 벌면 되지 않냐?
  お金がないんだったらお金を稼げばいいんじゃないの。

- 돈을 벌면 세금을 낸다.
  お金を稼ぐと税金を払う。

- 병으로 입원을 해서 당분간 돈을 벌 수 없게 되었다.
  病気で入院してしばらくの間 お金を稼げなくなった。

- 병으로 입원을 해서 당분간 돈을 벌 수 없게 되어 버렸다.
  病気で入院してしばらくの間 お金を稼げなくなってしまった。
  = 病気で入院してしばらくの間 お金を稼げなくなっちゃった。

- 다나카는 돈을 벌고 싶어 하는 것 같다.
  田中はお金を稼ぎたがっているようだ。

- 병으로 입원을 해서 당분간 돈을 벌 수 없을 것 같다.
  病気で入院してしばらくの間 お金を稼げなさそうだ。

- 다나카는 이번 달부터 돈을 벌 것 같다.
  田中は今月からお金を稼ぎそうだ。

- 다나카는 계속 돈을 벌지 않을 것 같다.
  田中はずっとお金を稼がなさそうだ。

- 다나카는 지금 일본에서 돈을 벌고 있을 것 같다.
  田中は今日本でお金を稼いでいそうだ。

- 조금만 더 열심히 하면 이번 달에 100만 엔은 벌 수 있을 것 같다.
  もうちょっと頑張れば今月で100万円は稼げそうだ。

- 이런 불경기에는 아무리 열심히 일을 해도 많은 돈은 벌 수 있을 것 같지도 않다.
  こんな不景気ではいくら熱心に仕事をやってもたくさんのお金は稼げそうもない。

- 다나카는 열심히 일을 해서 많은 돈을 벌고 싶다고 한다.
  田中は熱心に仕事をやってたくさんのお金を稼ぎたいそうだ。

- 다나카는 열심히 일을 해서 많은 돈을 벌고 있는 것 같다.
  田中は熱心に仕事をやってたくさんのお金を稼いでいるようだ。
  = 田中は熱心に仕事をやってたくさんのお金を稼いでいるみたいだ。

- 다나카는 열심히 일을 해서 많은 돈을 벌고 있는 것 같다.
  田中は熱心に仕事をやって たくさんのお金を稼いでいるらしい。

- 다나카는 열심히 일을 해서 많은 돈을 벌고 있다고 한다.
  田中は熱心に仕事をやって たくさんのお金を稼いでいるそうだ。

- 나는 계속 놀고 싶은데 아내는 억지로 돈을 벌게 했습니다.
  (나는 아내에게 억지로 돈을 범을 당했습니다.)
  私はずっと遊びたいけど,妻にお金を稼がされた。
  = 私はずっと遊びたいけど,妻にお金を稼がせられた。
  (그다지 많이 안 씀)

- 돈을 벌면 벌수록 더욱 벌고 싶어지네.
  お金を稼げば稼ぐほどもっと稼ぎたくなる。

- 가족을 위해서 돈을 많이 벌어야 하지 않겠냐?

  家族のためにお金をたくさん稼ごうじゃないか。

- 내일부터 돈을 벌려고 생각한다.

  明日からお金を稼ごうと思っている。

- 만약 돈을 번다면 어느 정도 벌고 싶냐?

  もしお金を稼ぐならどのくらい稼ぎたいの。

- 나는 지금 빚이 있기 때문에 빨리 돈을 벌지 않으면 안 된다.

  私は今借金があるから早くお金を稼がなければだめだ。

  = 私は今借金があるから早くお金を稼がなきゃだめだ。

  = 私は今借金があるから早くお金を稼がなければならない。

- 다나카는 돈을 버는 편이 좋다고 생각한다.

  田中はお金を稼いだほうがいいと思う。

- 다나카는 돈을 벌지 않는 편이 좋다고 생각한다.

  田中はお金を稼がないほうがいいと思う。

- 오늘은 돈을 많이 벌겠네.

  今日はお金をたくさん稼ぐだろう。

- 어제는 돈을 많이 벌었겠네.
昨日(きのう)はお金(かね)をたくさん稼いだだろう。

- 올해는 돈을 많이 벌어 줘.
今年(ことし)はお金(かね)をたくさん稼いでくれ。

- 부인에게 돈을 벌게 했다.
妻(つま)にお金(かね)を稼がせた。

09 話す 이야기하다

존댓말 話す

- 나는 다나카 씨와는 이야기하지 않지만 기무라 씨와는 이야기합니다.
 私は田中さんとは話さないけど, 木村さんとは話します。(현재형)

- 오늘은 하루 종일 다나카 씨와 이야기할 겁니다.
 今日は一日中 田中さんと話します。(미래형)

- 하루 종일 다나카 씨와 이야기했습니다.
 一日中 田中さんと話しました。

- 기무라 씨는 다나카 씨와는 이야기하지 않습니다.
 木村さんは田中さんとは話しません。
 = 木村さんは田中さんとは話さないです。

- 어제는 누구와도 이야기하지 않았습니다.
 昨日はだれとも話しませんでした。
 = 昨日はだれとも話さなかったんです。

- 하루 종일 다나카 씨와 이야기하고 싶습니다.
  一日 中 田中さんと話したいです。

- 오늘은 누구와도 이야기하고 싶지 않습니다.
  今日はだれとも話したくありません。
  = 今日はだれとも話したくないです。

- 어제는 누구와도 이야기하고 싶지 않았습니다.
  昨日はだれとも話したくありませんでした。
  = 昨日はだれとも話したくなかったんです。

- 나는 다나카 씨와 이야기하고 싶었습니다.
  私は田中さんと話したかったんです。

- 나는 일본인과 이야기할 수 있습니다.
  私は日本人と話せます。

- 나는 일본인과 이야기할 수 없습니다.
  私は日本人と話せません。
  = 私は日本人と話せないです。

- 어제는 시간이 없었기 때문에 다나카 씨와 이야기할 수 없었습니다.
  昨日は時間がなかったので田中さんと話せませんでした。
  =**昨日は時間がなかったので田中さんと話せなかったんです。**

- 오늘은 같이 이야기합시다.
  今日は一緒に話しましょう。

- 오늘은 일본인과 이야기 안 합니까?
  今日は日本人と話しませんか。
  =**今日は日本人と話さないですか。**

- 다나카 씨에게 어제 일을 이야기해서는 안됩니다.
  田中さんに昨日のことを話してはいけません。
  =**田中さんに昨日のことを話しちゃいけないです。**

- 여기서 다나카 씨와 이야기해도 됩니까?
  ここで田中さんと話してもいいですか。

- 당신이 일본어로 이야기한다면 나도 일본어로 이야기하겠습니다.
  あなたが日本語で話したら私も日本語で話します。

- 여기서 이야기하면 되지 않습니까?

  ここで話せばいいんじゃないですか。

- 여기서 이야기하면 혼날지도 모릅니다.

  ここで話すと叱られるかもしれないです。

- 이제부터는 여기서 이야기할 수 없게 되었습니다.

  これからはここで話せなくなったんです。

  = これからはここで話せなくなりました。

- 이제부터는 여기서 이야기할 수 없게 되어 버렸습니다.

  これからはここで話せなくなってしまいました。

  = これからはここで話せなくなってしまったんです。

  = これからはここで話せなくなっちゃいました。

  = これからはここで話せなくなっちゃったんです。

- 기무라 씨는 오늘 다나카 씨와 이야기하고 싶어 하는 것 같습니다.

  木村さんは今日田中さんと話したがっているようです。

- 사장님은 지금 아주 바쁘기 때문에 같이 이야기할 수 없을 것 같습니다.

  社長は今すごく忙しいので一緒に話せなさそうです。

- 오늘도 기무라 씨는 밑에서 다나카 씨랑 이야기를 하고 있을 것 같습니다.

  今日も木村さんは下で田中さんと話していそうです。

- 다나카 씨는 오늘 아무것도 이야기하지 않을 것 같습니다.

  田中さんは今日何も話さなさそうです。

- 여기서는 큰 소리로 이야기할 수 있을 것 같습니다.

  ここでは大声で話せそうです。

- 여기는 너무 시끄럽기 때문에 전혀 이야기를 할 수 있을 것 같지도 않습니다.

  ここはあまりにもうるさいから全然話せそうもないです。

- 오늘 기무라 씨가 다나카 씨와 이야기하고 싶다고 합니다.

  今日木村さんが田中さんと話したいそうです。

- 지금 다들 밑에서 이야기하고 있는 것 같습니다.

  今みんな下で話しているようです。
  = 今みんな下で話しているみたいです。

- 지금 다들 밑에서 이야기하고 있는 것 같습니다.

  今みんな下で話しているらしいです。

09. 話す 이야기하다

- 지금 다들 밑에서 이야기하고 있다고 합니다.

  今みんな下で話しているそうです。

- 기무라 씨가 나에게 그 사건에 대해서 억지로 이야기하게 했습니다.(나는 〈이야기하기 싫었는데〉 기무라 씨에게 억지로 그 사건에 대해 이야기함을 당했습니다.)

  私は木村さんにその事件について話さされました。(×)

  = 私は木村さんにその事件について話さされたんです。(×)

  (す로 끝나는 동사에서는 예외적으로 위의 두가지 표현은 쓰지 않는다.)

  = 私は木村さんにその事件について話させられました。

- 이야기하면 이야기할수록 더욱 이야기하고 싶어집니다.

  話せば話すほどもっと話したくなります。

- 부인이 바람을 피운 것을 남편에게 이야기해야 하지 않겠습니까?

  奥さんが浮気をしたことをご主人に話そうじゃないですか。

- 지금 어제 일어난 일에 대해서 이야기하려고 합니다.

  今昨日の出来事について話そうとしています。

- 만약 오늘 이야기한다면 어디서 이야기하는 편이 좋다고 생각합니까?

  もし今日話すならどこで話したほうがいいと思いますか。

- 윗사람에게 뭔가를 부탁할 때는 정중하게 이야기하지 않으면 안 됩니다.
  目上の人に何か頼む時には丁寧に話さなければだめです。
  = 目上の人に何か頼む時には丁寧に話さなきゃだめです。
  = 目上の人に何か頼む時には丁寧に話さなければなりません。
  = 目上の人に何か頼む時には丁寧に話さなければならないです。

- 오늘은 여기에서 이야기하는 편이 좋다고 생각합니다.
  今日はここで話したほうがいいと思います。

- 다나카 씨에게는 그 비밀을 이야기하지 않는 편이 좋다고 생각합니다.
  田中さんにはその秘密を話さないほうがいいと思います。

- 오늘은 다나카 씨와 많이 이야기하겠네요.
  今日は田中さんとたくさん話すでしょう。

- 어제 다나카 씨와 많이 이야기했겠네요.
  昨日田中さんとたくさん話したでしょう。

- 나에게도 일본어로 이야기해 주세요.
  私にも日本語で話してください。

- 다나카 씨에게 진실을 이야기하게 했습니다.
  田中さんに真実を話させました。
  =田中さんに真実を話させたんです。

반말

- 나는 다나카와는 이야기하지 않지만 기무라와는 이야기한다.
  私は田中とは話さないけど、木村とは話す。(현재형)

- 오늘은 하루 종일 다나카와 이야기할 거다.
  今日は一日中田中と話す。(미래형)

- 하루 종일 다나카와 이야기했다.
  一日中田中と話した。

- 기무라는 다나카와는 이야기하지 않는다.
  木村は田中とは話さない。

- 어제는 누구와도 이야기하지 않았다.
  昨日はだれとも話さなかった。

- 하루 종일 다나카와 이야기하고 싶다.
  一日中 田中と話したい。

- 오늘은 누구와도 이야기하고 싶지 않다.
  今日はだれとも話したくない。

- 어제는 누구와도 이야기하고 싶지 않았다.
  昨日はだれとも話したくなかった。

- 나는 다나카와 이야기하고 싶었다.
  私は田中と話したかった。

- 나는 일본인과 이야기할 수 있다.
  私は日本人と話せる。

- 나는 일본인과 이야기할 수 없다.
  私は日本人と話せない。

- 어제는 시간이 없었기 때문에 다나카와 이야기할 수 없었다.
  昨日は時間がなかったので田中と話せなかった。

- 오늘은 같이 이야기하자.
  今日は一緒に話そう。

- 오늘은 일본인과 이야기 안 해?
  今日は日本人と話さないの。

- 다나카에게 어제 일을 이야기해서는 안 된다.
  田中に昨日のことを話してはいけない。
  =田中に昨日のことを話しちゃいけない。

- 여기서 다나카와 이야기해도 되냐?
  ここで田中と話してもいいの。

- 당신이 일본어로 이야기한다면 나도 일본어로 이야기하겠다.
  あなたが日本語で話したら私も日本語で話す。

- 여기서 이야기하면 되지 않냐?
  ここで話せばいいんじゃないの。

- 여기서 이야기하면 혼날지도 모른다.
  ここで話すと叱られるかもしれない。

- 이제부터는 여기서 이야기할 수 없게 되었다.

 これからはここで話せなくなった。

- 이제부터는 여기서 이야기할 수 없게 되어 버렸다.

 これからはここで話せなくなってしまった。

 = これからはここで話せなくなっちゃった。

- 기무라는 오늘 다나카와 이야기하고 싶어 하는 것 같다.

 木村は今日田中と話したがっているようだ。

- 사장님은 지금 아주 바쁘기 때문에 같이 이야기할 수 없을 것 같다.

 社長は今すごく忙しいので一緒に話せなさそうだ。

- 오늘도 기무라는 밑에서 다나카랑 이야기를 하고 있을 것 같다.

 今日も木村は下で田中と話していそうだ。

- 다나카는 오늘 아무것도 이야기하지 않을 것 같다.

 田中は今日何も話さなさそうだ。

- 여기서는 큰 소리로 이야기할 수 있을 것 같다.

 ここでは大声で話せそうだ。

- 여기는 너무 시끄럽기 때문에 전혀 이야기를 할 수 있을 것 같지도 않다.

 ここはあまりにもうるさいから全然話せそうもない。

- 오늘 기무라가 다나카와 이야기하고 싶다고 한다.

 今日木村が田中と話したいそうだ。

- 지금 다들 밑에서 이야기하고 있는 것 같다.

 今みんな下で話しているようだ。
 =今みんな下で話しているみたいだ。

- 지금 다들 밑에서 이야기하고 있는 것 같다.

 今みんな下で話しているらしい。

- 지금 다들 밑에서 이야기하고 있다고 한다.

 今みんな下で話しているそうだ。

- 기무라가 나에게 억지로 그 사건에 대해 이야기하게 했다.(나는 〈이야기하기 싫었는데〉 기무라에게 억지로 그 사건에 대해 이야기함을 당했다.)

 私は木村にその事件について話さされた。(×)

 (す로 끝나는 동사에서는 예외적으로 위의 표현은 쓰지 않는다.)

 =私は木村にその事件について話させられた。

- 이야기하면 이야기할수록 더욱 이야기하고 싶어진다.

  話せば話すほどもっと話したくなる。

- 부인이 바람을 피운 것을 남편에게 이야기해야 하지 않겠냐?

  奥さんが浮気をしたことをご主人に話そうじゃないか。

- 지금 어제 일어난 일에 대해서 이야기하려고 한다.

  今昨日の出来事について話そうとしている。

- 만약 오늘 이야기한다면 어디서 이야기하는 편이 좋다고 생각하냐?

  もし今日話すならどこで話したほうがいいと思うの。

- 윗사람에게 뭔가를 부탁할 때는 정중하게 이야기하지 않으면 안 된다.

  目上の人に何か頼む時には丁寧に話さなければだめだ。
  ＝目上の人に何か頼む時には丁寧に話さなきゃだめだ。
  ＝目上の人に何か頼む時には丁寧に話さなければならない。

- 오늘은 여기에서 이야기하는 편이 좋다고 생각한다.

  今日はここで話したほうがいいと思う。

- 다나카에게는 그 비밀을 이야기하지 않는 편이 좋다고 생각한다.

  田中にはその秘密を話さないほうがいいと思う。

- 오늘은 다나카와 많이 이야기하겠네.
  今日は田中とたくさん話すだろう。

- 어제 다나카와 많이 이야기했겠네.
  昨日田中とたくさん話しただろう。

- 나에게도 일본어로 이야기해 줘.
  私にも日本語で話してくれ。

- 다나카에게 진실을 이야기하게 했다.
  田中に真実を話させた。

10 食べる 먹다

존댓말 食(た)べる　1단 동사

- 나는 고기를 먹지 않지만 야채는 먹습니다.
  私(わたし)は肉(にく)を食(た)べないけど、野菜(やさい)は食(た)べます。(현재형)

- 오늘은 고기를 먹을 겁니다.
  今日(きょう)は肉(にく)を食(た)べます。(미래형)

- 제가 먹었습니다.
  私(わたし)が食(た)べました。

- 고기는 안 먹습니다.
  肉(にく)は食(た)べません。
  =肉(にく)は食(た)べないです。

- 어제는 고기를 안 먹었습니다.
  昨日(きのう)は肉(にく)を食(た)べませんでした。
  =昨日(きのう)は肉(にく)を食(た)べなかったんです。

- 고기를 먹고 싶습니다.

    <ruby>肉<rt>にく</rt></ruby>を<ruby>食<rt></rt></ruby>べたいです。

- 고기를 먹고 싶지 않습니다.

    <ruby>肉<rt>にく</rt></ruby>を<ruby>食<rt></rt></ruby>べたくありません。

    =<ruby>肉<rt>にく</rt></ruby>を<ruby>食<rt></rt></ruby>べたくないです。

- 고기를 먹고 싶지 않았습니다.

    <ruby>肉<rt>にく</rt></ruby>を<ruby>食<rt></rt></ruby>べたくありませんでした。

    =<ruby>肉<rt>にく</rt></ruby>を<ruby>食<rt></rt></ruby>べたくなかったんです。

- 고기를 먹고 싶었습니다.

    <ruby>肉<rt>にく</rt></ruby>を<ruby>食<rt></rt></ruby>べたかったんです。

- 돈이 생겨서 고기를 먹을 수 있습니다.

    <ruby>お金<rt>かね</rt></ruby>ができて<ruby>肉<rt>にく</rt></ruby>を<ruby>食<rt></rt></ruby>べ(ら)れます。

- 돈이 없어서 고기를 먹을 수 없습니다.

    <ruby>お金<rt>かね</rt></ruby>がなくて<ruby>肉<rt>にく</rt></ruby>を<ruby>食<rt></rt></ruby>べ(ら)れません。

    =<ruby>お金<rt>かね</rt></ruby>がなくて<ruby>肉<rt>にく</rt></ruby>を<ruby>食<rt></rt></ruby>べ(ら)れないです。

- 돈이 없어서 고기를 먹을 수 없었습니다.

  お金がなくて肉を食べ(ら)れませんでした。
  = お金がなくて肉を食べ(ら)れなかったんです。

- 고기를 먹읍시다.

  肉を食べましょう。

- 고기를 안 먹을 거예요?

  肉を食べませんか。
  = 肉を食べないですか。

- 상한 고기는 먹어서는 안 됩니다.

  腐った肉は食べてはいけません。
  = 腐った肉は食べちゃいけないです。

- 고기를 먹어도 됩니까?

  肉を食べてもいいですか。

- 고기를 먹으면 나에게도 좀 주세요.

  肉を食べたら私にもすこしください。

- 쌀이 없으면 라면을 먹으면 되지 않습니까?

  お米がないんだったらラーメンを食べればいいんじゃないですか。

- 고기를 먹으면 건강해집니다.

  肉を食べると元気になります。

- 이 고기는 이미 상했기 때문에 먹을 수 없게 되었습니다.

  この肉はもう腐ったから食べ(ら)れなくなったんです。
  = この肉はもう腐ったから食べ(ら)れなくなりました。

- 이 고기는 이미 상했기 때문에 먹을 수 없게 되어 버렸습니다.

  この肉はもう腐ったから食べ(ら)れなくなってしまいました。
  = この肉はもう腐ったから食べ(ら)れなくなってしまったんです。
  = この肉はもう腐ったから食べ(ら)れなくなっちゃいました。
  = この肉はもう腐ったから食べ(ら)れなくなっちゃったんです。

- 다나카 씨는 고기를 먹고 싶어 하는 것 같습니다.

  田中さんは肉を食べたがっているようです。

- 소고기는 비싸서 먹을 수 없을 것 같습니다.

  牛肉は高くて食べ(ら)れなさそうです。

- 다나카 씨는 오늘 고기를 먹을 것 같습니다.

 田中さんは今日肉を食べそうです。

- 다나카 씨는 오늘 고기를 먹지 않을 것 같습니다.

 田中さんは今日肉を食べなさそうです。

- 다나카 씨는 지금도 고기를 먹고 있을 것 같습니다.

 田中さんは今も肉を食べていそうです。

- 조금만 더 기다리면 고기를 먹을 수 있을 것 같습니다.

 もうちょっと待ったら肉を食べ(ら)れそうです。

- 더 이상은 고기를 먹을 수 있을 것 같지도 않습니다.

 これ以上は肉を食べ(ら)れそうもないです。

- 다나카 씨는 고기를 먹고 싶다고 합니다.

 田中さんは肉を食べたいそうです。

- 지금 다들 고기를 먹고 있는 것 같습니다.

 今みんな肉を食べているようです。
 =今みんな肉を食べているみたいです。

- 지금 다들 고기를 먹고 있는 것 같습니다.

  今(いま)みんな肉(にく)を食(た)べているらしいです。

- 지금 다들 고기를 먹고 있다고 합니다.

  今(いま)みんな肉(にく)を食(た)べているそうです。

- 다나카 씨가 나에게 억지로 고기를 먹게 했습니다.

  (나는 다나카 씨에게 억지로 고기를 먹임을 당했습니다.)

  私(わたし)は田中(たなか)さんに肉(にく)を食(た)べさせられました。
  ＝ 私(わたし)は田中(たなか)さんに肉(にく)を食(た)べさせられたんです。

- 고기를 먹으면 먹을수록 더욱 먹고 싶어집니다.

  肉(にく)を食(た)べれば食(た)べるほどもっと食(た)べたくなります。

- 오래간만에 만났으니까 고기라도 먹어야 하지 않겠습니까?

  久(ひさ)しぶりに会(あ)ったから肉(にく)でも食(た)べようじゃないですか。

- 지금 고기를 먹으려고 합니다.

  今(いま)肉(にく)を食(た)べようとしています。

- 만약 고기를 먹는다면 어떤 고기를 먹고 싶습니까?

  もし肉(にく)を食(た)べるならどんな肉(にく)を食(た)べたいですか。

- 고기는 금방 상하기 때문에 빨리 먹지 않으면 안 됩니다.
  肉はすぐ腐るから早く食べなければだめです。
  =肉はすぐ腐るから早く食べなきゃだめです。
  =肉はすぐ腐るから早く食べなければなりません。
  =肉はすぐ腐るから早く食べなければならないです。

- 오늘은 고기를 먹는 편이 좋다고 생각합니다.
  今日は肉を食べたほうがいいと思います。

- 오늘은 고기를 먹지 않는 편이 좋다고 생각합니다.
  今日は肉を食べないほうがいいと思います。

- 오늘은 고기를 많이 먹겠네요.
  今日は肉をたくさん食べるでしょう。

- 어제 고기를 많이 먹었겠네요.
  昨日肉をたくさん食べたでしょう。

- 아침밥은 많이 먹어 주세요.
  朝御飯はたくさん食べてください。

- 아이에게 밥을 먹였습니다.
  子供(こども)にご飯(はん)を食(た)べさせました。
  = 子供(こども)にご飯(はん)を食(た)べさせたんです。

반말

- 나는 고기를 먹지 않지만 야채는 먹는다.
  私(わたし)は肉(にく)を食(た)べないけど、野菜(やさい)は食(た)べる。(현재형)

- 오늘은 고기를 먹을 거다.
  今日(きょう)は肉(にく)を食(た)べる。(미래형)

- 내가 먹었다.
  私(わたし)が食(た)べた。

- 고기는 안 먹는다.
  肉(にく)は食(た)べない。

- 어제는 고기를 안 먹었다.
  昨日(きのう)は肉(にく)を食(た)べなかった。

- 고기를 먹고 싶다.

  肉を食べたい。

- 고기를 먹고 싶지 않다.

  肉を食べたくない。

- 고기를 먹고 싶지 않았다.

  肉を食べたくなかった。

- 고기를 먹고 싶었다.

  肉を食べたかった。

- 돈이 생겨서 고기를 먹을 수 있다.

  お金ができて肉を食べ(ら)れる。

- 돈이 없어서 고기를 먹을 수 없다.

  お金がなくて肉を食べ(ら)れない。

- 돈이 없어서 고기를 먹을 수 없었다.

  お金がなくて肉を食べ(ら)れなかった。

- 고기를 먹자.

  肉を食べよう。

- 고기를 안 먹을래?

  肉を食べないの。

- 상한 고기는 먹어서는 안 된다.

  腐った肉は食べてはいけない。
  ＝腐った肉は食べちゃいけない。

- 고기를 먹어도 되냐?

  肉を食べてもいいの。

- 고기를 먹으면 나에게도 좀 줘.

  肉を食べたら私にもすこしくれ。

- 쌀이 없으면 라면을 먹으면 되지 않냐?

  お米がないんだったらラーメンを食べればいいんじゃないの。

- 고기를 먹으면 건강해진다.

  肉を食べると元気になる。

- 이 고기는 이미 상했기 때문에 먹을 수 없게 되었다.

    この肉はもう腐ったから食べ(ら)れなくなった。

- 이 고기는 이미 상했기 때문에 먹을 수 없게 되어 버렸다.

    この肉はもう腐ったから食べ(ら)れなくなってしまった。
    ＝この肉はもう腐ったから食べ(ら)れなくなっちゃった。

- 다나카는 고기를 먹고 싶어 하는 것 같다.

    田中は肉を食べたがっているようだ。

- 소고기는 비싸서 먹을 수 없을 것 같다.

    牛肉は高くて食べ(ら)れなさそうだ。

- 다나카는 오늘 고기를 먹을 것 같다.

    田中は今日肉を食べそうだ。

- 다나카는 오늘 고기를 먹지 않을 것 같다.

    田中は今日肉を食べなさそうだ。

- 다나카는 지금도 고기를 먹고 있을 것 같다.

    田中は今も肉を食べていそうだ。

- 조금만 더 기다리면 고기를 먹을 수 있을 것 같다.

  もうちょっと待ったら肉を食べ(ら)れそうだ。

- 더 이상은 고기를 먹을 수 있을 것 같지도 않다.

  これ以上は肉を食べ(ら)れそうもない。

- 다나카는 고기를 먹고 싶다고 한다.

  田中は肉を食べたいそうだ。

- 지금 다들 고기를 먹고 있는 것 같습니다.

  今みんな肉を食べているようだ。
  = 今みんな肉を食べているみたいだ。

- 지금 다들 고기를 먹고 있는 것 같다.

  今みんな肉を食べているらしい。

- 지금 다들 고기를 먹고 있다고 한다.

  今みんな肉を食べているそうだ。

- 다나카가 나에게 억지로 고기를 먹게 했다.

  (나는 다나카에게 억지로 고기를 먹임을 당했다.)

  私は田中に肉を食べさせられた。

- 고기를 먹으면 먹을 수록 더욱 먹고 싶어진다.

  肉を食べれば食べるほどもっと食べたくなる。

- 오래간만에 만났으니까 고기라도 먹어야 하지 않겠냐?

  久しぶりに会ったから肉でも食べようじゃないか。

- 지금 고기를 먹으려고 한다.

  今肉を食べようとしている。

- 만약 고기를 먹는다면 어떤 고기를 먹고 싶냐?

  もし肉を食べるならどんな肉を食べたいの。

- 고기는 금방 상하기 때문에 빨리 먹지 않으면 안 된다.

  肉はすぐ腐るから早く食べなければだめだ。
  = 肉はすぐ腐るから早く食べなきゃだめだ。
  = 肉はすぐ腐るから早く食べなければならない。

- 오늘은 고기를 먹는 편이 좋다고 생각한다.

  今日は肉を食べたほうがいいと思う。

- 오늘은 고기를 먹지 않는 편이 좋다고 생각한다.

  今日は肉を食べないほうがいいと思う。

- 오늘은 고기를 많이 먹겠네.
今日(きょう)は肉(にく)をたくさん食べるだろう。

- 어제 고기를 많이 먹었겠네.
昨日(きのう)肉(にく)をたくさん食べただろう。

- 아침밥은 많이 먹어 줘.
朝御飯(あさごはん)はたくさん食べてくれ。

- 아이에게 밥을 먹였다.
子供(こども)にご飯(はん)を食べさせた。

11 する 하다

존댓말 する 　변격동사

- 나는 일을 안하지만 다나카 씨는 일을 합니다.
  私(わたし)は仕事(しごと)をしないけど, 田中(たなか)さんは仕事(しごと)をします。(현재형)

- 오늘은 일을 할 겁니다.
  今日(きょう)は仕事(しごと)をします。(미래형)

- 어제도 일을 했습니다.
  昨日(きのう)も仕事(しごと)をしました。

- 오늘은 일을 안 합니다.
  今日(きょう)は仕事(しごと)をしません。
  ＝今日(きょう)は仕事(しごと)をしないです。

- 어제는 일을 안 했습니다.
  昨日(きのう)は仕事(しごと)をしませんでした。
  ＝昨日(きのう)は仕事(しごと)をしなかったんです。

- 나는 일을 하고 싶습니다.

  私(わたし)は仕事(しごと)をしたいです。

- 나는 일을 하고 싶지 않습니다.

  私(わたし)は仕事(しごと)をしたくありません。
  = 私(わたし)は仕事(しごと)をしたくないです。

- 어제는 일을 하고 싶지 않았습니다.

  昨日(きのう)は仕事(しごと)をしたくありませんでした。
  = 昨日(きのう)は仕事(しごと)をしたくなかったんです。

- 어제는 일을 하고 싶었습니다.

  昨日(きのう)は仕事(しごと)をしたかったんです。

- 누구라도 배우면 이 일을 할 수 있습니다.

  だれでも習(なら)えばこの仕事(しごと)ができます。

- 어른이 아니면 이 일을 할 수 없습니다.

  大人(おとな)じゃないとこの仕事(しごと)ができません。
  = 大人(おとな)じゃないとこの仕事(しごと)ができないです。

- 나는 그때 아이였기 때문에 일을 할 수 없었습니다.

  私はあの時子供だったので仕事ができませんでした。
  = 私はあの時子供だったので仕事ができなかったんです。

- 일을 합시다.

  仕事をしましょう。

- 오늘은 일 안 해요?

  今日は仕事をしませんか。
  = 今日は仕事をしないですか。

- 지금의 몸 상태로는 일을 해서는 안 됩니다.

  今の体の状態では仕事をしてはいけません。
  = 今の体の状態では仕事をしちゃいけないです。

- 제가 여기서 일을 해도 됩니까?

  私がここで仕事をしてもいいですか。

- 일본어와 관계가 있는 일을 하면 어떻습니까?

  日本語と関係がある仕事をしたらどうですか。

11. する 하다

- 집에서 일을 하면 되지 않습니까?

  家で仕事をすればいいんじゃないですか。

- 일을 하면 기분이 좋아집니다.

  仕事をすると気分がよくなります。

- 회사가 망해서 일을 할 수 없게 되었습니다.

  会社が倒産して仕事ができなくなったんです。
  = 会社が倒産して仕事ができなくなりました。

- 회사가 망해서 일을 할 수 없게 되어 버렸습니다.

  会社が倒産して仕事ができなくなってしまいました。
  = 会社が倒産して仕事ができなくなってしまったんです。
  = 会社が倒産して仕事ができなくなっちゃいました。
  = 会社が倒産して仕事ができなくなっちゃったんです。

- 다나카 씨는 일을 하고 싶어 하는 것 같습니다.

  田中さんは仕事をしたがっているようです。

- 이런 강한 바람에서는 일을 할 수 없을 것 같습니다.

  こんな強い風では仕事ができなさそうです。

- 다나카 씨는 오늘 일을 할 것 같습니다.
  田中さんは今日仕事をしそうです。

- 다나카 씨는 오늘 일을 하지 않을 것 같습니다.
  田中さんは今日仕事をしなさそうです。

- 다나카 씨는 지금도 일을 하고 있을 것 같습니다.
  田中さんは今も仕事をしていそうです。

- 오늘은 그렇게 바람이 강하지 않기 때문에 일을 할 수 있을 것 같습니다.
  今日はそんなに風が強くないから仕事ができそうです。

- 이런 강한 바람에서는 일을 할 수 있을 것 같지도 않습니다.
  こんな強い風では仕事ができそうもないです。

- 다나카 씨는 새로운 일을 하고 싶다고 합니다.
  田中さんは新しい仕事をしたいそうです。

- 지금 다들 일을 하고 있는 것 같습니다.
  今みんな仕事をしているようです。
  ＝今みんな仕事をしているみたいです。

- 지금 다들 일을 하고 있는 것 같습니다.

  今みんな仕事をしているらしいです。

- 지금 다들 일을 하고 있다고 합니다.

  今みんな仕事をしているそうです。

- 다나카 씨가 나에게 억지로 일을 하게 했습니다.

  (나는 다나카 씨에게 억지로 일을 함을 당했습니다.)

  私は田中さんに仕事をさせられたんです。
  = 私は田中さんに仕事をさせられました。(그다지 많이 안 씀)

- 이 일은 하면 할수록 더욱 일을 하고 싶어지네요.

  この仕事はすればするほどもっと仕事をしたくなります。

- 계속 쉬었으니까 오늘은 일을 해야 하지 않겠습니까?

  ずっと休んだから今日は仕事をしようじゃないですか。

- 오늘도 일을 하려고 합니다.

  今日も仕事をしようとしています。

- 만약 일을 한다면 어떤 스타일의 일을 하고 싶습니까?

  もし仕事をするならどんなスタイルの仕事をしたいですか。

- 계속 쉬었으니까 오늘은 일을 하지 않으면 안 됩니다.

    ずっと休んだから今日は仕事をしなければだめです。
    = ずっと休んだから今日は仕事をしなきゃだめです。
    = ずっと休んだから今日は仕事をしなければなりません。
    = ずっと休んだから今日は仕事をしなければならないです。

- 오늘은 일을 하는 편이 좋다고 생각합니다.

    今日は仕事をしたほうがいいと思います。

- 오늘은 일을 하지 않는 편이 좋다고 생각합니다.

    今日は仕事をしないほうがいいと思います。

- 오늘은 일을 하겠네요.

    今日は仕事をするでしょう。

- 어제는 일을 많이 했겠네요.

    昨日は仕事をたくさんしたでしょう。

- 빨리 일을 해 주세요.

    早く仕事をしてください。

- 내가 다나카 씨에게 일을 시켰습니다.
 私が田中さんに仕事をさせました。
 = 私が田中さんに仕事をさせたんです。

반말

- 나는 일을 않하지만 다나카는 일을 한다.
 私は仕事をしないけど, 田中は仕事をする。(현재형)

- 오늘은 일을 할 거야.
 今日は仕事をする。(미래형)

- 어제도 일을 했다.
 昨日も仕事をした。

- 오늘은 일을 안 한다.
 今日は仕事をしない。

- 어제는 일을 안 했다.
 昨日は仕事をしなかった。

- 나는 일을 하고 싶다.

私は仕事を**したい**。

- 나는 일을 하고 싶지 않다.

私は仕事を**したくない**。

- 어제는 일을 하고 싶지 않았다.

昨日は仕事を**したくなかった**。

- 어제는 일을 하고 싶었다.

昨日は仕事を**したかった**。

- 누구라도 배우면 이 일을 할 수 있다.

だれでも習えばこの仕事が**できる**。

- 어른이 아니면 이 일을 할 수 없다.

大人じゃないとこの仕事が**できない**。

- 나는 그때 아이였기 때문에 일을 할 수 없었다.

私はあの時子供だったので仕事が**できなかった**。

- 일을 하자.

  仕事をしよう。

- 오늘은 일 안 해?

  今日は仕事をしないの。

- 지금의 몸 상태로는 일을 해서는 안 된다.

  今の体の状態では仕事をしてはいけない。
  = 今の体の状態では仕事をしちゃいけない。

- 내가 여기서 일을 해도 됩니까?

  私がここで仕事をしてもいいの。

- 일본어와 관계가 있는 일을 하면 어떻냐?

  日本語と関係がある仕事をしたらどう。

- 집에서 일을 하면 되지 않냐?

  家で仕事をすればいいんじゃないの。

- 일을 하면 기분이 좋아진다.

  仕事をすると気分がよくなる。

- 회사가 망해서 일을 할 수 없게 되었다.
  会社が倒産して仕事ができなくなった。

- 회사가 망해서 일을 할 수 없게 되어 버렸다.
  会社が倒産して仕事ができなくなってしまった。
  = 会社が倒産して仕事ができなくなっちゃった。

- 다나카는 일을 하고 싶어 하는 것 같다.
  田中は仕事をしたがっているようだ。

- 이런 강한 바람에서는 일을 할 수 없을 것 같다.
  こんな強い風では仕事ができなさそうだ。

- 다나카는 오늘 일을 할 것 같다.
  田中は今日仕事をしそうだ。

- 다나카는 오늘 일을 하지 않을것 같다.
  田中は今日仕事をしなさそうだ。

- 다나카는 지금도 일을 하고 있을 것 같다.
  田中は今も仕事をしていそうだ。

- 오늘은 그렇게 바람이 강하지 않기 때문에 일을 할 수 있을 것 같다.

  今日はそんなに風が強くないから仕事ができそうだ。

- 이런 강한 바람에서는 일을 수 있을 것 같지도 않다.

  こんな強い風では仕事ができそうもない。

- 다나카는 새로운 일을 하고 싶다고 한다.

  田中は新しい仕事をしたいそうだ。

- 지금 다들 일을 하고 있는 것 같다.

  今みんな仕事をしているようだ。
  ＝今みんな仕事をしているみたいだ。

- 지금 다들 일을 하고 있는 것 같다.

  今みんな仕事をしているらしい。

- 지금 다들 일을 하고 있다고 한다.

  今みんな仕事をしているそうだ。

- 다나카가 나에게 억지로 일을 하게 했다.

  (나는 다나카에게 억지로 일을 함을 당했다.)

  私は田中に仕事をさせられた。

- 이 일은 하면 할수록 더욱 일을 하고 싶어진다.

 この仕事はすればするほどもっと仕事をしたくなる。

- 계속 쉬었으니까 오늘은 일을 해야 하지 않겠냐?

 ずっと休んだから今日は仕事をしようじゃないか。

- 오늘도 일을 하려고 한다.

 今日も仕事をしようとしている。

- 만약 일을 한다면 어떤 스타일의 일을 하고 싶냐?

 もし仕事をするならどんなスタイルの仕事をしたいの。

- 계속 쉬었으니까 오늘은 일을 하지 않으면 안 된다.

 ずっと休んだから今日は仕事をしなければだめだ。
 = ずっと休んだから今日は仕事をしなきゃだめだ。
 = ずっと休んだから今日は仕事をしなければならない。

- 오늘은 일을 하는 편이 좋다고 생각한다.

 今日は仕事をしたほうがいいと思う。

- 오늘은 일을 하지 않는 편이 좋다고 생각한다.

 今日は仕事をしないほうがいいと思う。

- 오늘은 일을 하겠네.
 今日は仕事を**するだろう**。

- 어제는 일을 많이 했겠네.
 昨日は仕事をたくさん**しただろう**。

- 빨리 일을 해 줘.
 早く仕事を**してくれ**。

- 내가 다나카에게 일을 시켰다.
 私が田中に仕事を**させた**。

12 来る 오다

존댓말 来る   변격동사

- 나는 오지 않지만 기무라 씨는 옵니다.
  私は来ないけど,木村さんは来ます。(현재형)

- 오늘은 우리 집에 손님이 올 겁니다.
  今日はうちにお客さんが来ます。(미래형)

- 학교에서 왔습니다.
  学校から来ました。

- 기무라 씨는 안 옵니다.
  木村さんは来ません。
  =木村さんは来ないです。

- 어제는 아무도 안 왔습니다.
  昨日はだれも来ませんでした。
  =昨日はだれも来なかったんです。

- 또 여기에 오고 싶습니다.

  またここに来たいです。

- 두 번 다시 여기에 오고 싶지 않습니다.

  二度とここに来たくありません。
  = 二度とここに来たくないです。

- 두 번 다시 여기에 오고 싶지 않았습니다.

  二度とここに来たくありませんでした。
  = 二度とここに来たくなかったんです。

- 또 여기에 오고 싶었습니다.

  またここに来たかったんです。

- 다음 주에도 여기에 올 수 있습니다.

  来週にもここに来られます。

- 다음 주에는 여기에 올 수 없습니다.

  来週にはここに来られません。
  = 来週にはここに来られないです。

- 최근에 계속 여유가 없어서 여기에 올 수 없었습니다.

  最近（さいきん）ずっと余裕（よゆう）がなくてここに来（こ）られませんでした。
  =最近（さいきん）ずっと余裕（よゆう）がなくてここに来（こ）られなかったんです。

- 또 여기에 옵시다.

  またここに来（き）ましょう。

- 기무라 씨는 안 옵니까?

  木村（きむら）さんは来（き）ませんか。
  =木村（きむら）さんは来（こ）ないですか。

- 여기에 와서는 안 됩니다.

  ここに来（き）てはいけません。
  =ここに来（き）ちゃいけないです。

- 또 여기에 와도 됩니까?

  またここに来（き）てもいいですか。

- 당신이 오면 나도 오겠습니다.

  あなたが来（き）たら私（わたし）も来（き）ます。

- 심심하면 여기에 오면 되지 않습니까?

  退屈だったらここに来ればいいんじゃないですか。

- 내일 여기에 오면 기무라 씨를 만날 수 있을 거라고 생각합니다.

  明日ここに来ると木村さんに会えると思います。

- 다나카 씨는 이제부터는 여기에 올 수 없게 되었습니다.

  田中さんはこれからはここに来られなくなったんです。
  =田中さんはこれからはここに来られなくなりました。

- 다나카 씨는 이제부터는 여기에 올 수 없게 되어 버렸습니다.

  田中さんはこれからはここに来られなくなってしまいました。
  =田中さんはこれからはここに来られなくなってしまったんです。
  =田中さんはこれからはここに来られなくなっちゃいました。
  =田中さんはこれからはここに来られなくなっちゃったんです。

- 기무라 씨는 여기에 오고 싶어 하는 것 같습니다.

  木村さんはここに来たがっているようです。

- 여기까지는 차가 올 수 없을 것 같습니다.

  ここまでは車が来られなさそうです。

- 지금 기무라 씨가 여기에 오고 있을 것 같습니다.
  今木村さんがここに来ていそうです。

- 기무라 씨는 오늘도 오지 않을 것 같습니다.
  木村さんは今日も来なさそうです。

- 차가 여기까지도 올 수 있을 것 같습니다.
  車がここまでも来られそうです。

- 여기까지는 차가 올 수 있을 것 같지도 않습니다.
  ここまでは車が来られそうもないです。

- 기무라 씨는 여기에 오고 싶다고 합니다.
  木村さんはここに来たいそうです。

- 지금 다들 여기에 오고 있는 것 같습니다.
  今みんなここに来ているようです。
  = 今みんなここに来ているみたいです。

- 지금 다들 여기에 오고 있는 것 같습니다.
  今みんなここに来ているらしいです。

- 지금 다들 여기에 오고 있다고 합니다.

  今みんなここに来ているそうです。

- 기무라 씨가 나에게 억지로 오게 했습니다.

  (나는 기무라 씨에게 억지로 옴을 당했습니다.)

  私は木村さんに来させられたんです。

  = 私は木村さんに来させられました。(그다지 많이 안 씀)

- 손님이 많이 오면 (많이) 올수록 가게의 매상은 올라갑니다.

  お客さんがたくさん来れば来るほど店の売り上げは上がります。

- 여기에 일주일에 한 번은 와야 하지 않겠습니까?

  ここに一週間に一回は来ようじゃないですか。

- 매일 여기에 오려고 합니다.

  毎日ここに来ようとしています。

- 만약 기무라 씨가 온다면 언제 오는 편이 좋다고 생각합니까?

  もし木村さんが来るならいつ来たほうがいいと思いますか。

- 내일 회식에는 사장님이 오시기 때문에 절대로 오지 않으면 안 됩니다.
明日の飲み会には社長がいらっしゃいますから絶対来なければだめです。
＝明日の飲み会には社長がいらっしゃいますから絶対来なきゃだめです。
＝明日の飲み会には社長がいらっしゃいますから絶対来なければなりません。
＝明日の飲み会には社長がいらっしゃいますから絶対来なければならないです。

- 오늘은 기무라 씨가 여기에 오는 편이 좋다고 생각합니다.
今日は木村さんがここに来たほうがいいと思います。

- 내일은 여기에 오지 않는 편이 좋다고 생각합니다.
明日はここに来ないほうがいいと思います。

- 오늘은 손님이 많이 오겠네요.
今日はお客さんがたくさん来るでしょう。

- 어제도 손님이 많이 왔겠네요.
昨日もお客さんがたくさん来たでしょう。

- 또 여기에 오세요.

 またここに来てください。

- 내가 다나카 씨를 오게 했습니다.

 私が田中さんを来させました。
 = 私が田中さんを来させたんです。

반말

- 나는 오지 않지만 기무라는 온다.

 私は来ないけど, 木村は来る。(현재형)

- 오늘은 우리 집에 손님이 올 거다.

 今日はうちにお客さんが来る。(미래형)

- 학교에서 왔다.

 学校から来た。

- 기무라는 안 온다.

 木村は来ない。

- 어제는 아무도 안 왔다.

  昨日(きのう)はだれも来(こ)なかった。

- 또 여기에 오고 싶다.

  またここに来(き)たい。

- 두 번 다시 여기에 오고 싶지 않다.

  二度(にど)とここに来(き)たくない。

- 두 번 다시 여기에 오고 싶지 않았다.

  二度(にど)とここに来(き)たくなかった。

- 또 여기에 오고 싶었다.

  またここに来(き)たかった。

- 다음 주에도 여기에 올 수 있다.

  来週(らいしゅう)にもここに来(こ)られる。

- 다음 주에는 여기에 올 수 없다.

  来週(らいしゅう)にはここに来(こ)られない。

- 최근에 계속 여유가 없어서 여기에 올 수 없었다.

  最近ずっと余裕がなくてここに来られなかった。

- 또 여기에 오자.

  またここに来よう。

- 기무라는 안 오냐?

  木村は来ないの。

- 여기에 와서는 안 된다.

  ここに来てはいけない。
  = ここに来ちゃいけない。

- 또 여기에 와도 되냐?

  またここに来てもいいの。

- 당신 오면 나도 올 거야.

  あなたが来たら私も来る。

- 심심하면 여기에 오면 되지 않냐?

  退屈だったらここに来ればいいんじゃないの。

- 내일 여기에 오면 기무라를 만날 수 있을 거라고 생각한다.
  明日ここに来ると木村に会えると思う。

- 다나카는 이제부터는 여기에 올 수 없게 되었다.
  田中はこれからはここに来られなくなった。

- 다나카는 이제부터는 여기에 올 수 없게 되어 버렸다.
  田中はこれからはここに来られなくなってしまった。
  =田中はこれからはここに来られなくなっちゃった。

- 기무라는 여기에 오고 싶어 하는 것 같다.
  木村はここに来たがっているようだ。

- 여기까지는 차가 올 수 없을 것 같다.
  ここまでは車が来られなさそうだ。

- 지금 기무라가 여기에 오고 있을 것 같다.
  今木村がここに来ていそうだ。

- 기무라는 오늘도 오지 않을 것 같다.
  木村は今日も来なさそうだ。

- 차가 여기까지도 올 수 있을 것 같다.
  車がここまでも来られそうだ。

- 여기까지는 차가 올 수 있을 것 같지도 않다.
  ここまでは車が来られそうもない。

- 기무라는 여기에 오고 싶다고 한다.
  木村はここに来たいそうだ。

- 지금 다들 여기에 오고 있는 것 같다.
  今みんなここに来ているようだ。
  =今みんなここに来ているみたいだ。

- 지금 다들 여기에 오고 있는 것 같다.
  今みんなここに来ているらしい。

- 지금 다들 여기에 오고 있다고 한다.
  今みんなここに来ているそうだ。

- 기무라가 나에게 억지로 오게 했습니다.
  (나는 기무라에게 억지로 옴을 당했습니다.)
  私は木村に来させられた。

- 손님이 많이 오면 올수록 가게의 매상은 올라간다.

  お客さんがたくさん来れば来るほど店の売り上げは上がる。

- 여기에 일주일에 한 번은 와야 하지 않겠냐?

  ここに一週間に一回は来ようじゃないか。

- 매일 여기에 오려고 한다.

  毎日ここに来ようとしている。

- 만약 기무라가 온다면 언제 오는 편이 좋다고 생각하냐?

  もし木村が来るならいつ来たほうがいいと思うの。

- 내일 회식에는 사장님이 오시기 때문에 절대 오지 않으면 안 된다.

  明日の飲み会には社長がいらっしゃるから絶対来なければだめだ。

  =明日の飲み会には社長がいらっしゃるから絶対来なきゃだめだ。

  =明日の飲み会には社長がいらっしゃるから絶対来なければならない。

- 오늘은 기무라 씨가 여기에 오는 편이 좋다고 생각한다.

  今日は木村がここに来たほうがいいと思う。

- 오늘은 여기에 오지 않는 편이 좋다고 생각한다.
  明日はここに来ないほうがいいと思う。

- 오늘은 손님이 많이 오겠네.
  今日はお客さんがたくさん来るだろう。

- 어제도 손님이 많이 왔겠네.
  昨日もお客さんがたくさん来ただろう。

- 또 여기에 와 줘.
  またここに来てくれ。

- 내가 다나카를 오게 했다.
  私が田中を来させた。

13 優しい 착하다

존댓말 優しい　형용사

- 다나카 씨는 착하지 않지만 기무라 씨는 착합니다.

  田中さんは優しくないけど, 木村さんは優しいです。

- 다나카 씨는 옛날보다 착해졌습니다.

  田中さんは昔より優しくなりました。

  = 田中さんは昔より優しくなったんです。

- 다나카 씨는 옛날에는 착했습니다.

  田中さんは昔は優しかったんです。

- 다나카 씨는 착하지 않습니다.

  田中さんは優しくありません。

  = 田中さんは優しくないです。

- 그 사람은 절대로 착해질 수 없습니다.

  彼は絶対優しくなれません。

  = 彼は絶対優しくなれないです。

- 나도 착해지고 싶습니다.

  私(わたし)も優しくなりたいです。

- 나는 착해지고 싶지 않습니다.

  私(わたし)は優しくなりたくありません。
  = 私(わたし)は優しくなりたくないです。

- 나는 착해지고 싶지 않았습니다.

  私(わたし)は優しくなりたくありませんでした。
  = 私(わたし)は優しくなりたくなかったんです。

- 나는 착해지고 싶었습니다.

  私(わたし)は優しくなりたかったんです。

- 좀 착해져 주세요.

  もうちょっと優しくなってください。

- 좀 착해지세요.

  もうちょっと優しくなりなさい。

- 다나카 씨의 성격은 정말 착할 것 같습니다.

  田中(たなか)さんの性格(せいかく)は本当(ほんとう)に優しそうです。

- 우리 아이가 좀 착해졌으면 좋겠습니다.
  うちの子供がもうちょっと優しくなってほしいです。

- 다나카 씨는 옛날에는 착하지 않았습니다.
  田中さんは昔は優しくなかったんです。

- 다나카 씨는 착하고 멋있습니다.
  田中さんは優しくて格好いいです。

- 오늘 만나는 사람이 착하면 좋겠는데요.
  今日会う人が優しかったらいいですけどね。

- 내 결혼 상대자는 추남이라도 착하면 그것으로 충분합니다.
  私の結婚相手はぶさいくでも優しければそれで充分です。

- 저 잘생긴 남자가 착하다면 사귀고 싶습니다.
  あのハンサムな人が優しいなら付き合いたいです。
  ＝あのハンサムな人が優しいんだったら付き合いたいです。

- 다나카도 어른이 되면 착해지겠죠.
  田中も大人になったら優しくなるでしょう。

13. 優しい 착하다

- 다나카 씨는 다른 사람에게 친절하니까 성격도 착하겠네요.
田中さんは人に親切だから性格も優しいでしょう。

- 다나카 씨는 옛날에도 착했겠네요.
田中さんは昔も優しかったでしょう。

반말

- 다나카는 착하지 않지만 기무라는 착하다.
田中は優しくないけど、木村は優しい。

- 다나카는 옛날보다 착해졌다.
田中は昔より優しくなった。

- 다나카는 옛날에는 착했다.
田中は昔は優しかった。

- 다나카는 착하지 않다.
田中は優しくない。

- 그 사람은 절대로 착해질 수 없다.

  彼は絶対優しくなれない。

- 나도 착해지고 싶다.

  私も優しくなりたい。

- 나는 착해지고 싶지 않다.

  私は優しくなりたくない。

- 나는 착해지고 싶지 않았다.

  私は優しくなりたくなかった。

- 나도 착해지고 싶었다.

  私も優しくなりたかった。

- 좀 착해져 줘.

  もうちょっと優しくなって(よ)。

- 좀 착해져라.

  もうちょっと優しくなれ(よ)。

13. 優しい 착하다 | 181

- 다나카 씨의 성격은 정말 착할 것 같다.
  田中の性格は本当に優しそうだ。

- 우리 아이가 좀 착해졌으면 좋겠다.
  うちの子供がもうちょっと優しくなってほしい。

- 다나카는 옛날에는 착하지 않았다.
  田中は昔は優しくなかった。

- 다나카는 착하고 멋있다.
  田中は優しくて格好いい。

- 오늘 만나는 사람이 착하면 좋겠네.
  今日会う人が優しかったらいいね。

- 내 결혼 상대자는 추남이라도 착하면 그것으로 충분하다.
  私の結婚相手はぶさいくでも優しければそれで充分だ。

- 저 잘생긴 남자가 착하다면 사귀고 싶다.
  あのハンサムな人が優しいなら付き合いたい。
  =あのハンサムな人が優しいんだったら付き合いたい。

- 다나카도 어른이 되면 착해지겠지.
 田中も大人になったら優しくなるだろう。

- 다나카는 다른 사람에게 친절하니까 성격도 착하겠네.
 田中は人に親切だから性格も優しいだろう。

- 다나카는 옛날에도 착했겠네.
 田中は昔も優しかっただろう。

14 素敵だ 멋있다

존댓말 素敵(すてき)だ 형용동사

- 다나카 씨는 멋있지 않지만 기무라 씨는 멋있습니다.
  田中(たなか)さんは素敵じゃないけど、木村(きむら)さんは素敵です。

- 다나카 씨는 옛날보다 멋있어졌습니다.
  田中(たなか)さんは昔(むかし)より素敵になりました。
  ＝田中(たなか)さんは昔(むかし)より素敵になったんです。

- 다나카 씨는 옛날에는 멋있었습니다.
  田中(たなか)さんは昔(むかし)は素敵だったんです。

- 다나카 씨는 멋있지 않습니다.
  田中(たなか)さんは素敵じゃありません。
  ＝田中(たなか)さんは素敵じゃないです。

- 다나카 씨는 아무리 옷을 잘 입어도 멋있어질 수 없습니다.

  田中さんはいくら着こなしても素敵になれません。

  =田中さんはいくら着こなしても素敵になれないです。

- 나도 멋있어지고 싶습니다.

  私も素敵になりたいです。

- 나는 그다지 멋있어지고 싶지 않습니다.

  私はあまり素敵になりたくありません。

  =私はあまり素敵になりたくないです。

- 나는 그다지 멋있어지고 싶지 않았습니다.

  私はあまり素敵になりたくありませんでした。

  =私はあまり素敵になりたくなかったんです。

- 나는 멋있어지고 싶었습니다.

  私は素敵になりたかったんです。

- 다나카 씨는 옛날에는 멋있지 않았습니다.

  田中さんは昔は素敵じゃなかったんです。

- 다나카 씨는 멋있고 착합니다.

  田中さんは素敵で優しいです。

- 오늘 만나는 사람은 멋있으면 좋겠는데요.

  今日会う人は素敵だったらいいですけどね。

- 어제 전화로 이야기한 사람이 정말 멋있다면 사귀고 싶습니다.

  昨日電話で話した人が本当に素敵ならば付き合いたいです。
  ＝昨日電話で話した人が本当に素敵だったら付き合いたいです。

- 다나카도 어른이 되면 멋있어지겠죠.

  田中も大人になったら素敵になるでしょう。

- 잘 생긴 사람은 어떤 옷을 입어도 멋있겠죠.

  ハンサムな人はどんな服を着ても素敵でしょう。

- 다나카 선생님은 젊을 때도 멋있었겠네요.

  田中先生は若い時も素敵だったでしょう。

- 다나카 씨가 멋있어졌으면 좋겠습니다.

  田中さんが素敵になってほしいです。

반말

- 다나카는 멋있지 않지만 기무라는 멋있다.
  田中は素敵じゃないけど、木村は素敵だ。

- 다나카는 옛날보다 멋있어졌다.
  田中は昔より素敵になった。

- 다나카는 옛날에는 멋있었다.
  田中は昔は素敵だった。

- 다나카는 멋있지 않다.
  田中は素敵じゃない。

- 다나카는 아무리 옷을 잘 입어도 멋있어질 수 없다.
  田中はいくら着こなしても素敵になれない。

- 나도 멋있어지고 싶다.
  私も素敵になりたい。

- 나는 그다지 멋있어지고 싶지 않다.
  私はあまり素敵になりたくない。

- 나는 그다지 멋있어지고 싶지 않았다.
  私(わたし)はあまり素敵になりたくなかった。

- 나도 멋있어지고 싶었다.
  私(わたし)も素敵になりたかった。

- 다나카는 옛날에는 멋있지 않았다.
  田中(たなか)は昔(むかし)は素敵じゃなかった。

- 다나카는 멋있고 착하다.
  田中(たなか)は素敵で優(やさ)しい。

- 오늘 만나는 사람은 멋있으면 좋겠는데.
  今日(きょう)会(あ)う人(ひと)は素敵だったらいいけどね。

- 어제 전화로 이야기한 사람이 정말 멋있다면 사귀고 싶다.
  昨日(きのう)電話(でんわ)で話(はな)した人(ひと)が本当(ほんとう)に素敵ならば付(つ)き合(あ)いたい。
  =昨日(きのう)電話(でんわ)で話(はな)した人(ひと)が本当(ほんとう)に素敵だったら付(つ)き合(あ)いたい。

- 다나카도 어른이 되면 멋있어지겠죠.
  田中(たなか)も大人(おとな)になったら素敵になるだろう。

- 잘 생긴 사람은 어떤 옷을 입어도 멋있겠지.

   ハンサムな人はどんな服を着ても素敵だろう。

- 다나카 선생님은 젊을 때도 멋있었겠네.

   田中先生は若い時も素敵だっただろう。

- 당신이 멋있어졌으면 좋겠다.

   あなたが素敵になってほしい。

Memo

Memo

통째로 외우는 **일본어 동사의 활용**

1판 3쇄 발행 2019년 1월 15일

지은이 | 한우영
펴낸곳 | 제일어학
펴낸이 | 배경태
디자인 | 이주연

주소 | 서울시 마포구 공덕동 463 현대하이엘 1728호
전화 | 02-3471-8080
팩스 | 02-6085-8080
e-mail | liveblue@hanmail.net
등록 | 1993년 4월 1일 제 25100-2012-24호

정 가 | 11,500원
ISBN 978-89-5621-078-0 13730

이 책은 제일어학이 저작권자와의 계약에 따라 발행한 것이므로,
본사의 허락 없이 어떠한 형태나 수단으로도 이용하지 못합니다.

• 잘못 만들어진 책은 바꿔 드립니다.

국립중앙도서관 출판시도서목록(CIP)

```
(통째로 외우는) 일본어 동사의 활용 / 지은이: 한우영. --
서울 : 제일어학, 2015
    p. ;   cm

본문은 한국어, 일본어가 혼합수록됨
ISBN  978-89-5621-078-0 13730 : ₩11500

동사(품사)[動詞]
일본어[日本語]

735.4-KDC6
495.65-DDC23                              CIP2015021295
```